教科書には載っていない日本地理の新発見

現代教育調査班〔編〕

青春新書
PLAYBOOKS

はじめに――刻々と変わる地理情報をアップデート！

開通して間もない国道を車で走っていると、道はたしかにそこにあるのに、カーナビには表示されないため一瞬戸惑ってしまうことがある。もちろんカーナビのデータが古いことが原因だが、道路はどんどんつくられているため、カーナビに反映されるまでにはある程度の時間がかかる。そこでこうしたギャップが生まれるわけだ。

地理の本に新しい情報が記載されるまでには、もっと時間がかかる。

たとえば、２００７年８月16日、埼玉県熊谷市と岐阜県多治見市で気温40・９度を観測した。１９３３年（昭和８年）７月25日に山形県で記録した40・８度を抜いて、74年ぶりに国内最高気温を更新した。

しかし、少し古い地理の本には、「日本一暑い所は実は山形県」と書かれていて、テレビでクイズの問題になったりしている。

教科書でもこうしたことがよく起こる。

高校の教科書を見ると、１９８０年代には新しいプレートテクトニクス理論と、それ以前の「地向斜造山論《ちこうしゃぞうざんろん》」が両方とも書かれていたが、１９９５年度以後の教科書には「地向斜造山論」は影も形もない。

歴史の本でも、新事実が発見されて歴史が書き換えられることがあるが、地理の場合は事実そのものがどんどん変わっていくのだから、それに追いつくのは難しい。

『三国志』に、「士別れて三日、刮目《かつもく》して相待すべし」と言った呂蒙の逸話が記されている。「刮目」の語源で、人間は成長するものだから、いつまでも同じ目で見ていてはいけないという意味だ。これは地理にも当てはまる。

本書を制作するにあたって、最も注意したのは「情報が古くなっていないか」ということだった。多くの先人たちの業績を参考にしながら、カビの生えた情報ではないかどうかをチェックすることを繰り返したが、それでも今日の最新情報が、明日には過去の情報になってしまうこともありうるのが地理というものだ。

そうしたことをふまえて、時がたっても古びない話題を選ぶよう努力した。あなたの地理についての知識をアップデートするという意味もあるが、「そうだったのか！」という驚きとともに、気軽に楽しんでいただける内容になっているはずだ。

現代教育調査班

教科書には載っていない日本地理の新発見　もくじ

はじめに……3

第1章 地球のダイナミズムを感じる「地形」のあれこれ

沖縄本島には塩水が湧き出る世界に二つしかない川がある……14
川とつながっていない摩周湖は単なる〝水たまり〟だった⁉……16
上空から見られないのに琵琶湖がなぜ琵琶の形だとわかった？……18
土砂が流入し続けても琵琶湖が浅くならないわけ……21
伊豆半島は、元は別の島だった……23
なぜ、日本列島は弓形なのか……26
鳥取砂丘はどうやってできたのか……29
三陸沖が世界でも屈指の好漁場なのはなぜなのか……31

日本の国土面積が急に広くなった理由……33
フォッサマグナって何語？　誰が名づけた？……35
日本の山脈はどうやってあの高さになったのか？……38
近畿や四国には火山がないのに、なぜ温泉があるのか……40
東京の「溜池」にはいつごろまで本当に池があったのか……43
「尾瀬ヶ原」の湿原ができた仕組みが明らかになってきた……45
登るにつれて気温が上がる筑波山の不思議……48
地図の海岸線は満潮と干潮、どちらを表している？……50
これナニ!?　小中学生が考案した地図記号が登場……52

第2章 誰かに話したくなる「地方」の小ネタ

屋久島では雪山を見ながら海水浴ができる……56
日本でオーロラが見られるところがあるって本当？……57

明石市が日本の標準時になったのは「自己推薦」だった……60
江戸前寿司の「江戸前」ってどこを指している？……62
関西はアホで関東はバカ。では明石市周辺の「ダボ」の由来は？……64
人口が85万人もいる過疎の町があるってどういうこと？……66
「武蔵野」の名称は東京都と埼玉県どちらのもの？……68
74年間日本最高気温記録を保持した山形県が敗れた瞬間……70
富士山山頂をめぐる山梨県と静岡県の長すぎる争い……72
青森、秋田県境の「白神山地」と「十和田湖」はどちらのもの？……74
島崎藤村の生家が長野県から岐阜県に変更された……77
宮本武蔵の生誕地は兵庫県か岡山県か……79
「厚木駅」が厚木市ではなく海老名市にある複雑な事情……81

第3章

「歴史」に隠された日本地理の名場面

北海道が三つの県に分割された時期があった……86
どうして都内の一等地に平将門の「首塚」があるのか……89
かつて銀座をナウマンゾウが闊歩していた……91
さきたま古墳群の石室の石は鋸山から運ばれていた……92
寅さんの柴又八幡神社の下には古墳があった……95
かつて利根川は東京湾に注いでいた……96
豊臣秀吉の時代、京都にロサンゼルスがあった⁉……98
日本で最初のクリスマスは今の山口県で行われた……99
金沢に文化が生まれたのは〝金持ち藩〟ならではの事情だった……101
江戸湾は〝ゴミ〟で埋め立てて陸地を広げられていた……103
函館には「五稜郭」だけでなく「四稜郭」もあった！……106

どこが県庁所在地になるかは戊辰戦争が大いに関係していた!? 108
伊賀上野が忍者の里になった地理的要因とは 110
千葉と和歌山の地名が似ているのは偶然ではなかった 112
太平洋と大西洋。なぜ「大平洋」ではないのか? 113
明治初期、東京の土地は大安売りされていた 114
近江、上野、和泉などの難読地名は唐文化の影響だった 116
水戸と彦根――国政をゆるがす名門同士の深い因縁 118
会津と長州――今も解消されない幕末からの遺恨 120
長野市と松本市――今も残る山を隔てての「南北格差」 123
尾張と三河――隣同士なのに「新進」と「保守」で大きく違う気風 126

第4章 よく考えると不思議がたくさん!「地名」の由来

洗足池――洗うのは日蓮の足だった 130

左京区と右京区――「南に向いた天皇」が基準になっている……132
上越と下越――京都から見たときの「上」と「下」……134
東京「六本木」の語源は六軒の大名屋敷から？……136
県庁所在地は「福岡市」、新幹線の駅は「博多駅」のナゾ……138
島が八つで「伊豆七島」なのはどうしてか……141
明治になって「箱館」が「函館」に改称された理由……143
「修善寺」と「修禅寺」、「由布院」と「湯布院」は何が違う？……145
そっくり地名はこんなにややこしい！……147
秋葉原は「あきはばら」か「あきばはら」か……149
日本の地名で一番多いのは「中村」？「新田」？……151
「日本国」という名前の山があるって本当？……153
東京に「戸」のつく地名が多いことには意味がある……155
信濃国を流れていないのになぜ信濃川というのか……157
豊田市トヨタ町に池田市ダイハツ町。カタカナ町名はいくつある？……159
「岩手」という県名の意外な由来……161

なぜ「常陸」と書いて「ひたち」と読むのか……163
大塚の北に南大塚があるのはなぜなのか?……165
蔵王山は「ざおうさん」?・「ざおうざん」?……167

第5章 日本経済を回している地方の「産業」事情

「コシヒカリ」はもう新潟県では栽培されていない……170
青森県がリンゴの一大産地になった納得の事情……171
日本4位の猪苗代湖に大きな魚がいないわけ……173
高級ブランド「大間まぐろ」「下関フグ」の産地事情……175
東京の地下には国内最大の天然ガス田がある……177
日本海側に「米どころ」が多いのはなぜか……179
「京野菜」と呼ばれるための条件とは……181
南鳥島沖海底に眠る大量の希少金属……183

協力：フレッシュアップスタジオ／後閑英雄／阿部博／海童暖
本文・DTP・図版作成：センターメディア

第1章

地球のダイナミズムを感じる「地形」のあれこれ

沖縄本島には塩水が湧き出る世界に二つしかない川がある

沖縄本島北部の本部町にある塩川は海岸線から約150メートル離れた内陸地にあるが、海面より1・29〜1・42メートル上の岩場から常時塩水が湧き出ている。塩水が湧き出る川は、世界でもプエルトリコとこの塩川の2カ所しかない。

世界でも珍しい川なので、全長約300メートル、川幅も広い所で4メートルしかない小さい川ながら、1972年（昭和47年）に国の天然記念物に指定された。

ハブが出ることもある道を歩いていかなければならないので観光名所にはなりそうもないが、国指定天然記念物なので看板が立っている。それによると、塩水が湧出する仕組みについては岩塩層説、サイフォン説、地下空洞説などいろいろあり、いずれも確定的なものではないという。また、看板にはこれまでの調査結果が記されている。

①潮位と水位（湧水量）は比例する
②湧出量と塩水濃度は逆比例の関係にある

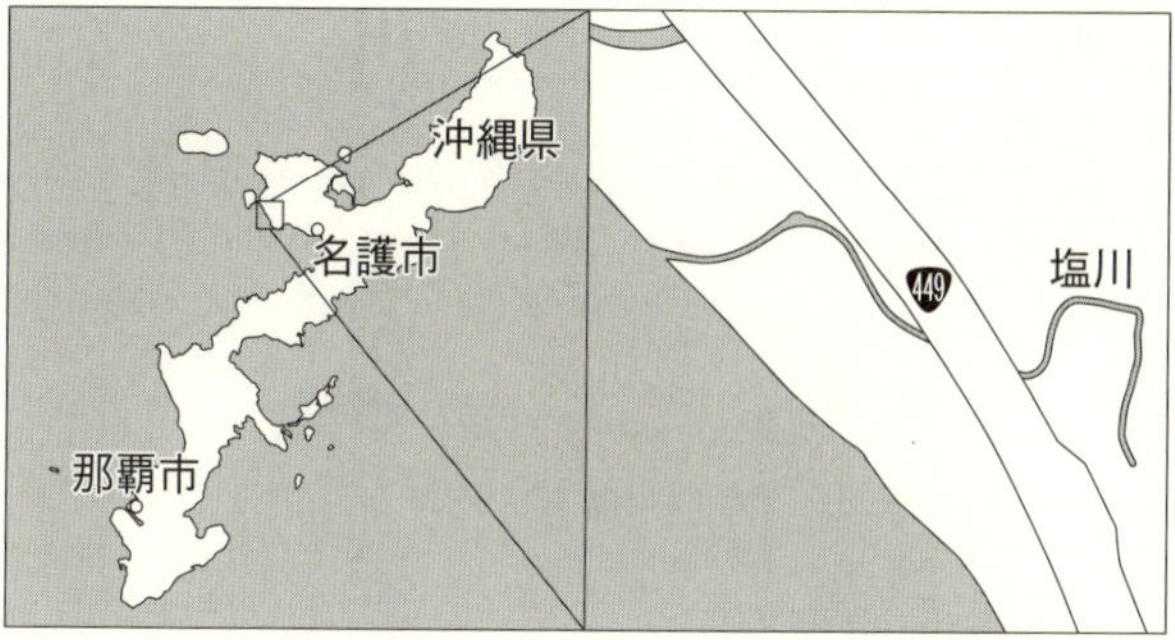

③海水と陸水が混合したもので岩塩層説は全く否定される

つまり、この川を流れる水は塩水ではあるが、海水が逆流しているのではなく、海水を吸い上げているのでもなく、すべて地下から湧き出したものなのだ。

地元では大昔から知られている川なので、これまで何度も調査が行われたが、いまだにどうして塩水が湧き出るのか、そのメカニズムは解明されていない。

塩川の水量が那覇港の潮位と連動しているということは、海水が混じっていると考えて間違いなさそうだが、どうして海水がここまで流れてきているのか、という肝心な部分は謎に包まれたままだ。

塩川へ行く方法だが、海洋博公園に向けて国道449号線を北上すると、右手に塩川の入り口が見えてくる。獣道《けものみち》のような道を1分ほど進めば塩川の源流に着く。水深50センチほどの池で、そこから川沿いに10分ほど歩くと海に出る。

なお、塩川には緑藻類10種、紅藻類など28種が生えているが、紅藻類のシオカワモッカは日本ではここ塩川にしか生育していないため、水中に入ることは禁じられている。

川とつながっていない摩周湖は単なる〝水たまり〟だった⁉

世界で2番目に透明度の高い湖として有名な摩周湖。「湖」と名乗ってはいるものの、実は摩周湖は湖ではない。日本の河川法では、河川とのつながりがあることが湖の要件とされている。そのため、流れ込む川も流れ出る川もない摩周湖は国土交通省が管理する「湖」にはあたらず、そのため湖として登記もされていないのだ。

摩周湖のほぼ中央にあるカムイシュ島（中島）には樹木が生えているため、農林水産省の管理下に置かれてはいるが、湖そのものには樹木がないので、農林水産省でも登記されていない。

学術的には、約7000年前の巨大噴火によってできた窪地に水がたまってできた「カ

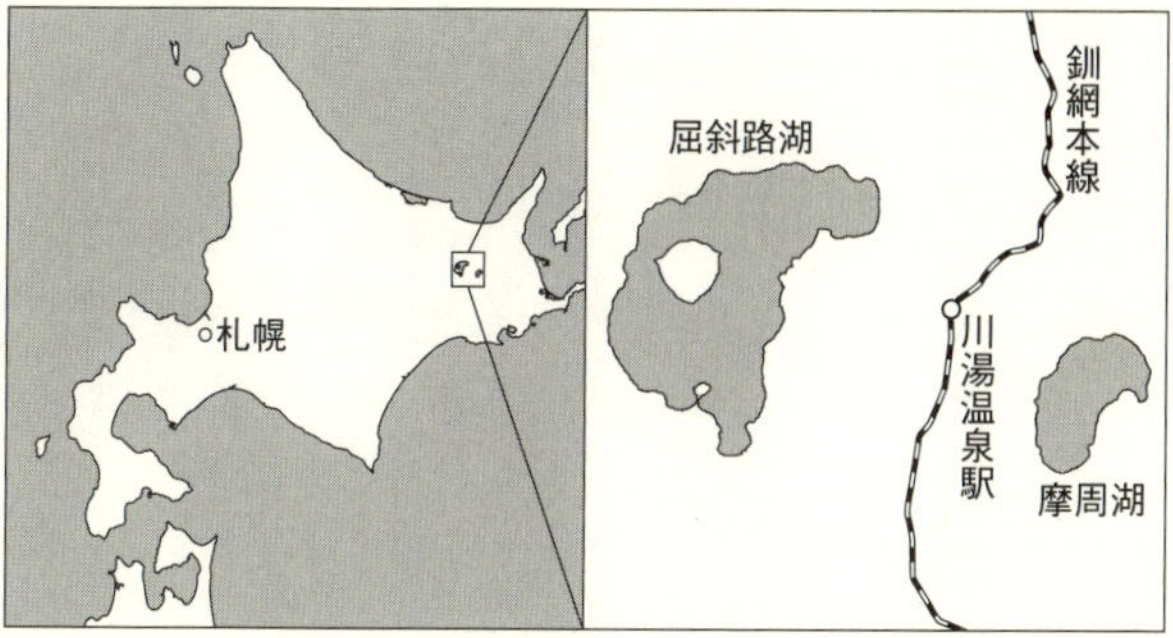

ルデラ湖」なのだが、行政上の区分では「水たまり」ということになってしまうのだ。

では、周囲を絶壁に囲まれ、流れ込む川も流れ出す川もない閉鎖湖なのに、なぜ摩周湖は年間を通じて水位の変動が少ないのだろうか。

湖の周辺に伏流水があり、それが流れ込んでいるのではないかということで調査が行われた。その結果、伏流水は湖の南東8キロメートルにある「さけますセンター虹別事業所」近辺と、多和平などにあることがわかった。

湖の周辺に降った雨が地中に浸透し、十分に濾過されて流入することになる。そのため有機物の混入が非常に少なく、生活排水の影響もないのでリン酸塩の流入もない。また、この一帯は夏でも気温や水温が低く、有機物の分解が進みにくい。

こうしたことから、摩周湖は世界で二番目、日本では一番の透明度を保っているのだ。

透明度を測定するには、直径30センチほどの白い円盤を水の中に入れ、それが見えなくなったときの深さを測る。近年は植物性プランクトンの増加などによって摩周湖の透明度は14～32メートルくらいにまで低下したが、1931年には41・6メートルという透明度世界一を記録したことがある。現在の透明度世界一はバイカル湖の40メートルだが、それよりも透き通った湖だったのだ。

摩周湖の湖面は、よく晴れた日には「摩周ブルー」と呼ばれる神秘的な青い色になる。

また、「霧の摩周湖」という歌がつくられるほど摩周湖の霧は有名だが、霧は夏場に出ることが多い。冬に霧がかかることはまれなので、霧を見たければ夏に、青く澄んだ摩周湖を見たければ冬に行くのがいい。

上空から見られないのに琵琶湖がなぜ琵琶の形だとわかった？

琵琶湖は昔から「琵琶湖」と呼ばれていたわけではない。

琵琶という楽器は7、8世紀ごろ中国から日本に伝来したが、その形が湖と似ていると考えた人はいなかったようだ。

その当時の琵琶湖は７７６年に編まれた万葉集に「相坂をうち出《いで》てみれば淡海《おうみ》の海《み》白木《しらゆ》綿《う》花《はな》に波立ち渡る」とあるように、「近淡海《ちかつおうみ》」、「近江の海」、「鳰《にお》の海」などと呼ばれていた。

同じころ、琵琶湖を一望できる比叡山に最澄（伝教大師）が一乗止観院を創建している（７８８年〔延暦7年〕）。比叡山から見れば、琵琶湖の一部が楽器の琵琶に似ていると思えなくもない。しかし、伝来したばかりの琵琶を見た人はごく少数だったはずなので、その名が湖につけられるはずもなかった。

では、いつごろから「琵琶湖」と呼ばれるようになったのか。

「琵琶の形に似たり」という表現が文献に現れるのは、鎌倉時代末（１３１８年）の『渓《けい》嵐拾葉集《らんしゅうようしゅう》』が最初とされる。比叡山延暦寺の学僧・光宗（１２７６―１３５０年）が書いた仏教書だが、どうして比叡山から見た湖の風景が楽器の琵琶の形に似ているといったのだろうか。比叡山から湖の全景を眺めることはできないので、比叡山から眺めただけではなく、琵琶湖の周囲を歩いて全体像をつかんだのかもしれない。

また、10世紀中ごろに編述されたと伝えられる「竹生島縁起」には、「湖は琵琶の形なり」

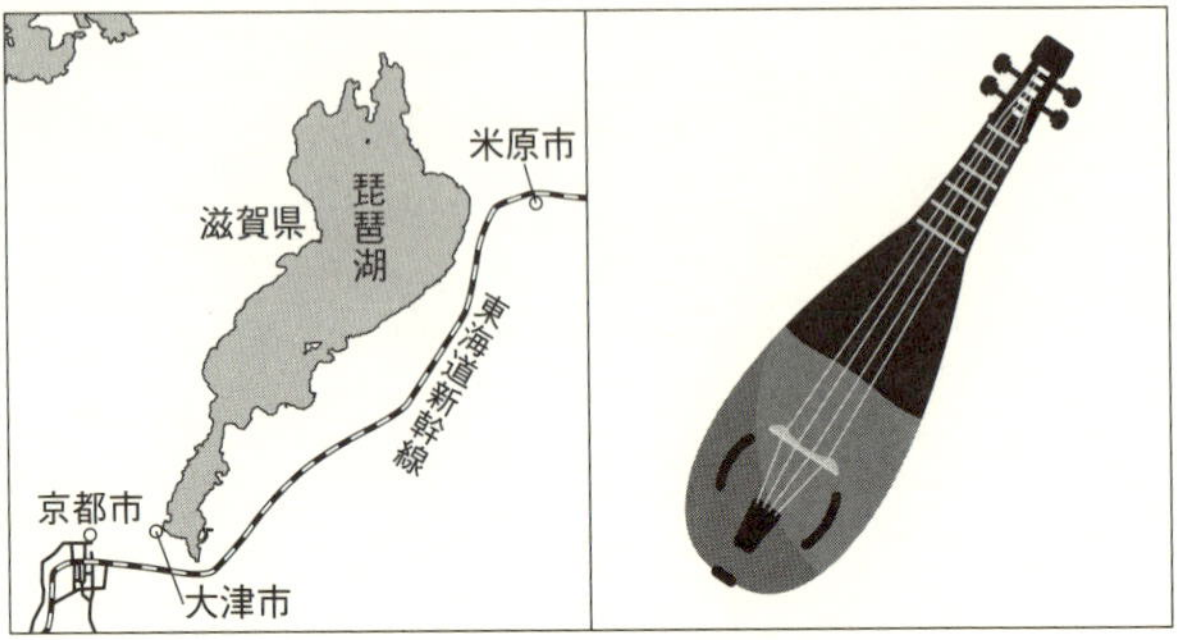

との記載がある。竹生島に祀られている弁才天が持つ琵琶の形に似ているというのだ。

湖の名前として「琵琶湖」が使われたのは、16世紀初頭、京都の詩僧である景徐周麟《けいじょしゅうりん》が湖を訪れて詠んだ漢詩集「湖上八景」が最初とされる。

しかし、「琵琶湖」という名称が広く使われるようになったのは江戸時代に入ってからのことだ。1689年（元禄2年）に貝原益軒が「此湖の形は、よく琵琶に似たり（中略）故に此湖を琵琶湖という」と記したことから、「琵琶湖」の名は文学作品や絵画、地図などにも使われるようになったとされる。

このころには測量技術も進歩していたので、上空から見なくても湖の形はわかるようになっていたのだ。

伊能忠敬が「琵琶湖図」を作成したのは1807年（文化4年）だが、それ以前の1742年（寛保2年）に作成された「近江国細見図」を見ても、現在の地図にかなり近い。形が似ているという説のほかに、湖の枕詞《まくらことば》の一つである「さざなみ（細波・小波）」の音が琵琶の音色に似ているからだという口マンチックな説もある。

土砂が流入し続けても琵琶湖が浅くならないわけ

琵琶湖には119の河川から水が流れ込んでいるのに、出ていく川は瀬田川と琵琶湖疎水しかない。それだけでなく、湖には河川から土砂が流れ込み、生物の死骸なども湖の底に積もっていくので、普通の湖は年を追うにしたがって湖底が浅くなっていく。

そうだとすると、琵琶湖の水はあふれてしまいそうなものだが、なぜそうはならないのだろうか。

もちろん大雨が降れば洪水が起こることもある。明治以降に起こった記録的な大洪水としては、1885年（明治18年）の「明治大洪水」、1896年（明治29年）の「琵琶湖大水害」、1917年（大正6年）の「大正大洪水」、1953年（昭和28年）の13号台風による洪水などがあるが、これは大雨によるものだ。

　こうした例外を別にすれば、琵琶湖の水位はほとんど上昇しない。それは琵琶湖の成り立ちとかかわっている。

　琵琶湖ができた年代については諸説あるが、琵琶湖周辺から三重県伊賀市付近の丘陵にまたがる地域に「古琵琶湖層群」という地層がある。420万年前の火山灰層がその最も古い地層付近に見つかったことから、琵琶湖の始まりは四百数十万年前とされている。

　この古琵琶湖は約150万年前に消滅したが、約100万年前になってその西方に現在の琵琶湖の前身ともいえる小さな湖が出現した。この琵琶湖は鈴鹿山地、比良山地、伊吹山地が隆起し、その間に挟まれた湖盆が沈下するという地殻変動によって誕生している。その地殻変動が、現在も年間約1ミリの沈下という形で続いているというのだ。

　2001年2月の新聞記事には、1970年代に国土地理院が測定した琵琶湖の最深部と比べて、琵琶湖研究所（当時）が測定した結果は30センチ深くなっていると書かれている。少なくとも水をためている部分で上下方向の動きがあったことは明らかだ。

　この説にしたがえば、琵琶湖が浅くならない理由は湖底が沈下し続けているからだということになる。

なお、琵琶湖の湖底には約80カ所の遺跡がある。これらの遺跡は、昔は陸上にあったものが地盤沈下や琵琶湖の水位の上昇によって水没したものと考えられている。沈んだ船や崩壊して沈んだ港湾施設ではなく、人間が生活した跡が当時の生活用具などとともに埋没していること、それが同じ水域内に多数あることから、世界的にも極めてまれな事例とされている。

伊豆半島は、元は別の島だった

川端康成の名作『伊豆の踊子』の舞台となった伊豆半島は、世界文化遺産に登録された韮山反射炉があり、東京2020オリンピック・パラリンピック自転車競技の開催地となるなど、世界からも注目を集めている。

この伊豆半島が実はフィリピン海から移動してきた火山島であり、気の遠くなるような長い年月をかけて日本列島に接近、衝突し、組み込まれたというのだから驚きだ。

地震の報道などでよく聞く「プレート」とは、地球の表面を覆っている厚さ数十〜10

0キロメートルの岩盤で、地球内部の対流にともなってゆっくり移動している。日本付近には4枚のプレートが折り重なっていて、伊豆半島をのせている「フィリピン海プレート」は、本州をのせた「アムールプレート」と「オホーツクプレート」の下に沈み込みつつある。

地球内部へ沈み込んだプレートが地下約100キロメートルに達すると、脱水反応が起こってマグマが大量に発生する。日本列島ではこのマグマが地表まで浮き上がってくることで多数の火山が誕生、成長してきた。伊豆半島をつくる大地は、そのほとんどがかつて陸上や海底にあった多数の火山がもたらした噴出物からできている。

伊豆半島をのせた「フィリピン海プレート」は、本州に対して1年間に数センチというゆっくりしたスピードで北西に移動してきた。それでも100万年たてば移動距離は数十キロメートルに達する。そして約3000万年前、現在の伊豆半島になる大地は1000キロメートル以上も南にあった。いま硫黄島があるあたりだ。

この大地が本州に衝突し、半島の形になったのは50万年ほど前のこと。

3000万年にわたって海底と陸上で繰り返された火山噴火が、伊豆半島の大地をつくり出した。このうち約2000万年分の地層が現在の地表に見えているので、伊豆半島の

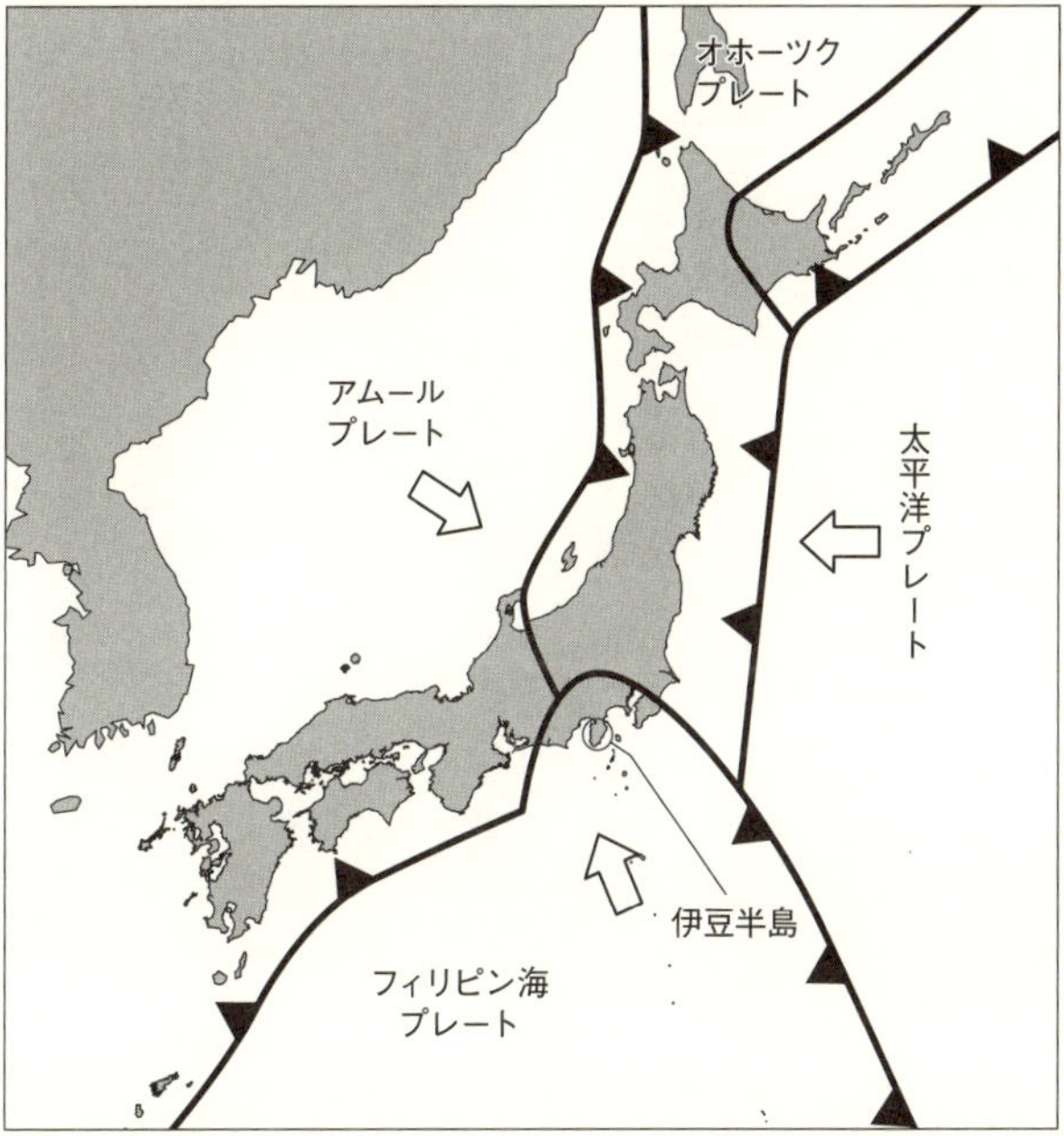

山々や海岸の崖で見られる地層からは伊豆半島の歴史をたどることができる。

深い海だった時代（2000万～1000万年前）は仁科層群、湯ヶ島層群という地層になり、浅い海だった時代（1000万～200万年前）は白浜層群という地層になっている。本州に衝突して合体しようとしていた時代（200万～100万年前）の地層は大部分が陸地になり、この時期以降の堆積物が熱海層群になった。

100万～20万年前までには

本州から突き出た半島の形になり、現在の伊豆半島の原形ができあがった。天城山《あまぎさん》や達磨山《だるまやま》などの大きな火山体ができたのもこのころだ。

20万年前ごろになると箱根火山をのぞく他の火山はすべて噴火を停止し、新たに伊豆東部火山群が噴火を始めた。

伊豆半島では地球のダイナミックな歴史の跡をたどることもできる。

なぜ、日本列島は弓形なのか

日本列島は弓のような形をしている。これについて疑問に思ったことはあるだろうか。日本列島が形づくられていく壮大な地球の営みの中でそうなっていったのだ。

そもそも、日本列島は初めから列島だったわけではなく、古生代にはアジア大陸の一部だった。2000万年ほど前、南洋の海洋プレート（岩盤）によって南洋から運ばれてきた砂や泥、サンゴ礁などの堆積物が海溝に潜り込むとき、陸からの堆積物と混合しながらアジア大陸のプレートに押しつけられて加わった。これを付加体《ふかたい》という。

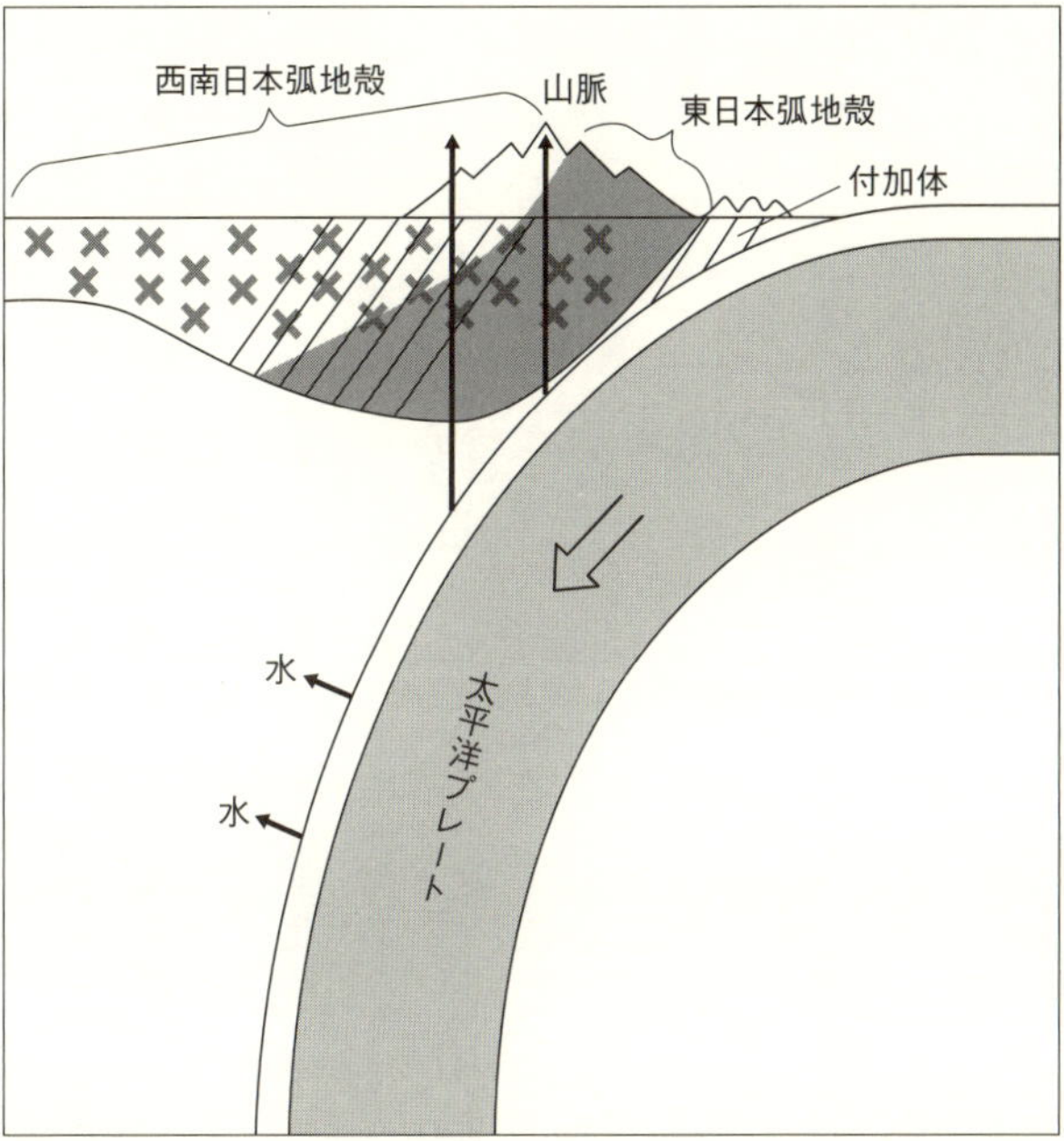

古いものの下に新しいものが潜り込んだため、日本列島は日本海側が古く、太平洋側になるほど新しい岩盤でできている。
大陸側プレートに海洋プレートが潜り込む中で、主にジュラ紀、白亜紀に付加した岩盤を骨格として4、5億年前からあったアジア大陸縁辺の岩盤と、海洋プレートの破片などが合体して日本列島の原形が形づくられた。
中新世(約2300万年前〜)に入ると、日本列島の原形が大陸から引き裂かれる地殻変動が起こる。やがて大陸に低地ができ始め、2100万～1100万年前になると断裂はさらに大きくなった。このとき、西南日本は長崎県対馬南西部付近を中心に時計回りで40～50度回転した。同時に東北日本は北海道知床半島沖付近を中心に反時計回りで40～50度回転した。

これにより今の日本列島の関東以北は南北に、中部以西は東西に延びる形になった。およそ1500万年前には今の日本海のあたりに大きな窪みができており、海が浸入してくる。やがてその海は日本海となる大きさにまで拡大した。

1600万年前～1100万年前まで、現在の中部地方より西側はかなり広い範囲まで陸地だったが、現在の東北地方は海に覆われ、多くの島が浮かぶ多島海だった。その後、東北日本は太平洋プレートなどによる東西からの圧縮によって隆起し、現在の奥羽山脈・出羽丘陵が形成された。

冒頭の「なぜ、日本列島は弓形なのか」の答えは、「地球は球体なので、斜めに引き裂かれた列島はしだいに弓なりにカーブしていくから」ということになる。

鳥取砂丘はどうやってできたのか

鳥取砂丘は南北2・4キロメートル、東西16キロメートルという日本最大規模の砂丘だ。風によってできる「風紋」と呼ばれる模様が刻々と変わっていくさまは美しく、多くの観光客を集めている。

この広大な鳥取砂丘はどのようにしてつくられたのだろうか。

鳥取砂丘が成立した過程を明らかにするために、1993年からその翌年にかけてボーリング調査が行われた。専用の掘削機で掘り進んで砂丘の下にどれほどの砂丘があるのか、その下で土台になっている岩石はどんなものなのかを調査しようとしたのだ。

場所によっては80メートルも掘り進めて調査を続けた結果、砂丘ができる以前の土地の様子が次第にわかってきた。鳥取砂丘がある場所の海面下40～50メートルのところに、その昔、千代川《せんだいがわ》が流れていた可能性があることがわかってきたのだ。また、地下に火山灰層をはさんで、さらにその下に砂丘の砂や砂と粘土の層が60メートル近くもあることがわかった。

鳥取砂丘の始まりは14～15万年前にまでさかのぼる。そのころ海面は現在より上昇しており、鳥取地方は大きな内湾で山地は岬となって突き出し、湾には大小の岩島が点在していた。この砂丘形成前の大きな内湾は「古鳥取湾」と呼ばれる。

中国山地の岩石（花崗岩、安山岩、玄武岩など）が風化作用を受けて砂となり、それが雨に流されて千代川によって運ばれ、湾口や近くの島々を取り巻くように堆積していった。やがて氷河時代になると海水面は下がり、内湾は陸化した。湾に堆積していた砂は干上がって厚い砂層の台地となる。この台地を飛砂が覆って砂丘を形成した。これは「古砂丘」と呼ばれている。この古砂丘の上に約5万年ほど前に大噴火した大山の火山灰が降り積もり、いったん砂丘は火山灰に覆われてしまった。

縄文時代前期（約1万～5500年前）になると「縄文海進」と呼ばれる海水面の上昇が起こった。世界的に温暖になり、海水面が約2、3メートル高くなったのだ。砂丘は一部が水没し、鳥取平野は再び大きな内湾となった。この時期は河川による浸食も弱まり、運ばれてくる砂の量も少なくなったため、砂丘をつくる作用が衰え、飛砂もおさまって砂丘には植物が茂るようになった。

弥生時代に入ると海面は低下し、海岸線はしだいに後退していく。これを「弥生海退」

という。それにつれて日本海の海底に堆積した砂は沿岸流と波の働きによって岸へ打ち上げられ、その砂は強い北西の風によって内陸へと運ばれていった。こうしてできた新しい砂丘が古砂丘を覆いながら発達した。それとともに陸地が広がって飛砂が多くなり、急速に砂丘が形成されるようになった。

こうして鳥取砂丘は現在のような姿になったのだ。

三陸沖が世界でも屈指の好漁場なのはなぜなのか

三陸海岸の沖合が好漁場であることはたいていの中学社会科の教科書に載っているが、それを詳しく説明できる人は意外に少ないだろう。

三陸沖では北から寒流の千島海流（親潮）、南から暖流の日本海流（黒潮）、さらに津軽海峡から対馬海流の分岐流である対馬暖流が混じり合い、複雑な潮境を形づくっている。

暖流と寒流がぶつかるところでは、湧昇流《ゆうしょうりゅう》という海底から湧き上がる流れができる。これが養分を日の当たる海面まで持ち上げるので、その栄養で植物プランクトンが増え、そ

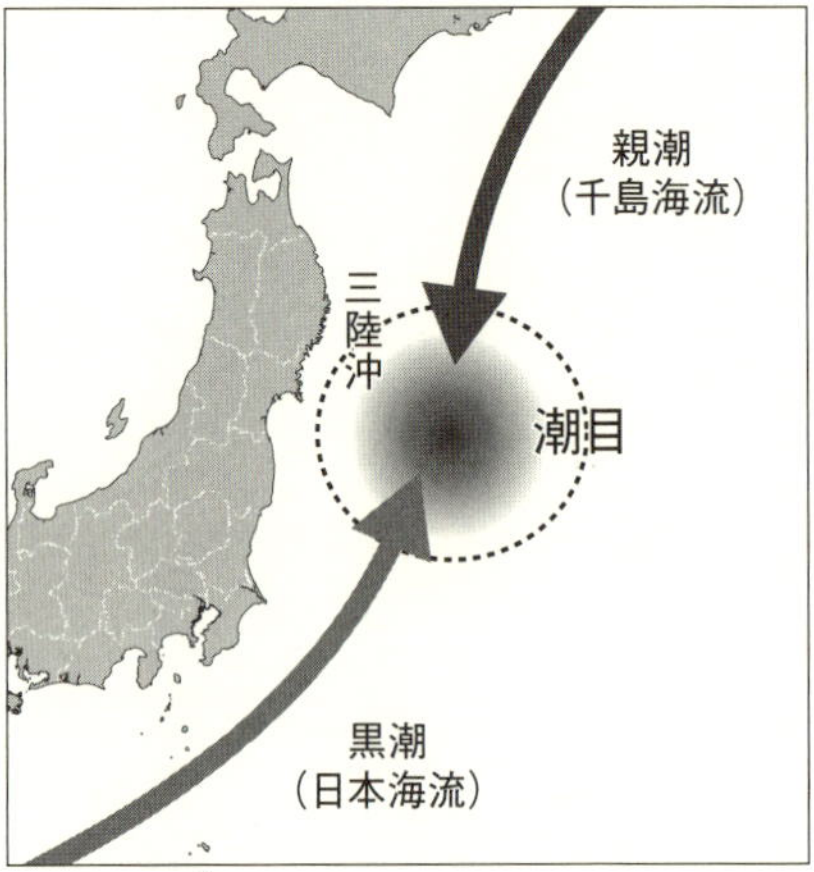

れを食べる動物プランクトンも増える。

このため、マグロ・カツオ・サバ・アジ・イワシなどの暖流系の魚と、サケ・マス・サンマ・タラなどの寒流系の魚が密集して好漁場となっているのだ。

また、三陸海岸は岸からすぐ深くなる。大陸棚は狭いが、底質は岩礁や砂礫《されき》質が多いため、アワビ・ワカメ・コンブ・ウニ・ナマコなど水産動植物の生育にも適している。また、リアス海岸では山地が海の間近まで迫っているため、森林のミネラルを多く含んだ水が絶えず海へ注ぎ込む。それもプランクトンが発生する重要な要素になっているのだ。

世界に数多くある漁場の中でも、特に漁獲種の多い優良な漁場は「世界三大漁場」と呼ばれているが、一つはノルウェー沖、もう一つはカナダのニューファンドランド島沖、そしてこの三陸沖だ。

また、全国に約3000ある漁港のうちで、水産業の振興において特に重要な漁港を「特定第三種漁港」と政令で定めている。これは全国に13港あるが、三陸沖では気仙沼、石巻、塩釜、八戸という四つの漁港が指定されている。いかにこの地域が好漁場であるかを示しているといえるだろう。

2011年の東日本大震災の際には漁獲高が激減したが、現在はほぼ回復し、日本全国に豊富な水産資源を供給している。

日本の国土面積が急に広くなった理由

2017年、2016年度の全国都道府県市区町村別の面積が国土地理院から発表された。それによると、日本全土の面積は2015年は37万7970・75平方キロメートルだったが、2016年は37万7971・57平方キロメートルで、0・82平方キロメートル増えている。坪に換算すると約25万坪だ。

日本の国土面積は約37万平方キロで国連加盟国の中で60位前後。けっして広いとはいえないが、日本が管轄権を持つ海域、いわゆる領海と排他的経済水域を合わせた「日本の海」の面積は約447万平方キロメートルで世界6位の広さだ。

国土面積が増加する原因は海岸の埋め立てなどによるものが大きいが、計測方法が変わったことも近年、日本の国土面積が広くなっていることの要因になっている。

国土地理院では2万5千分1地形図を中心とした基本図体系を使用してきたが、デジタルデータを中心とする基本図体系に移行するため、2009年度から「電子国土基本図(地図情報)」の整備事業を始め、2014年2月に完了した。

電子国土基本図には「地図情報」「オルソ画像」(空撮写真をゆがみのない画像に変換して、正しい位置情報を付け加えたもの)「地名情報」の三つがある。

これまでは紙の地図を手でなぞり、その軌道を機械が読み取って面積を計算していた。そのため手作業による誤差が生じていたが、「電子国土基本図」を作成することで、より正確な面積を出すことができるようになった。

その結果、全国で10・55平方キロメートルも国土面積が増加したのだ。

最も面積が増えたのは長崎県で、1997年に水門が閉じられた諫早《いさはや》湾を陸地に含めたため、26・44平方キロメートル増えた。

逆に面積が減ったのは北海道で、北方領土はこれまで大正時代の地形図を用いて計測していたが、電子国土基本図で正確な面積を出したところ以前より狭くなったのだ。

ちなみに、今回の計測では2013年に噴火が始まった小笠原諸島の西之島の面積増加分は入っていない。噴火が収まって測量ができた際に加算するという。

フォッサマグナって何語？　誰が名づけた？

「フォッサマグナ」（Fossa Magna）とは、ラテン語で「大きい割れ目」という意味だ。日本列島を横断する大断層線で、明治の初めに日本へやってきたドイツの地質学者、ハインリッヒ・エドムント・ナウマン（1854〜1927年）が発見した。

ナウマンは長野県の野尻湖などに約30万年前から1万数千年前まで生息していたとされるゾウの化石を研究し、大きな功績を残した人物だ。ナウマンゾウという名前は、それにちなんでつけられている。

フォッサマグナの西の縁は、新潟県の糸魚川から姫川をさかのぼり、青木湖、中綱湖、木崎湖の仁科三湖を経て松本盆地を通り、諏訪湖の南から釜無川に沿って南下し、甲府盆地の西の端から富士川を経て太平洋へ達している。糸魚川から静岡にかけて走っているので「糸魚川静岡構造線」とも呼ばれている。

中生代・古生代の岩石でできた南北に走る溝の中に、新生代の岩石が詰まっているのだが、この溝は上空から見下ろしてわかるような地形的なものではなく、山々をつくっている地層や岩石を知ってはじめてわかる「地質学的な溝」なのだ。

フォッサマグナの帯上にある湖や盆地は、いずれもフォッサマグナが沈降によってつくられた地形であることを示している。その沈降が隆起に変わり、そこに火山活動が加わって現在のフォッサマグナができたのである。

フォッサマグナのもう一つの地質学的な特徴として、フォッサマグナの真ん中に南北方向の火山列があることが挙げられる。代表的な火山としては新潟焼山・妙高山・黒姫山・飯綱山・浅間山・霧ヶ峰・蓼科山・八ヶ岳・富士山・愛鷹《あしたか》山・箱根山・天城山などだ。

フォッサマグナの地下には、フォッサマグナの部分が落ち込んだ時にできた南北方向の断層があり、それを通ってマグマが上昇し、南北方向の火山列ができたと考えられている。

ボーリングによってフォッサマグナの溝の深さは６０００メートル以上あることがわか

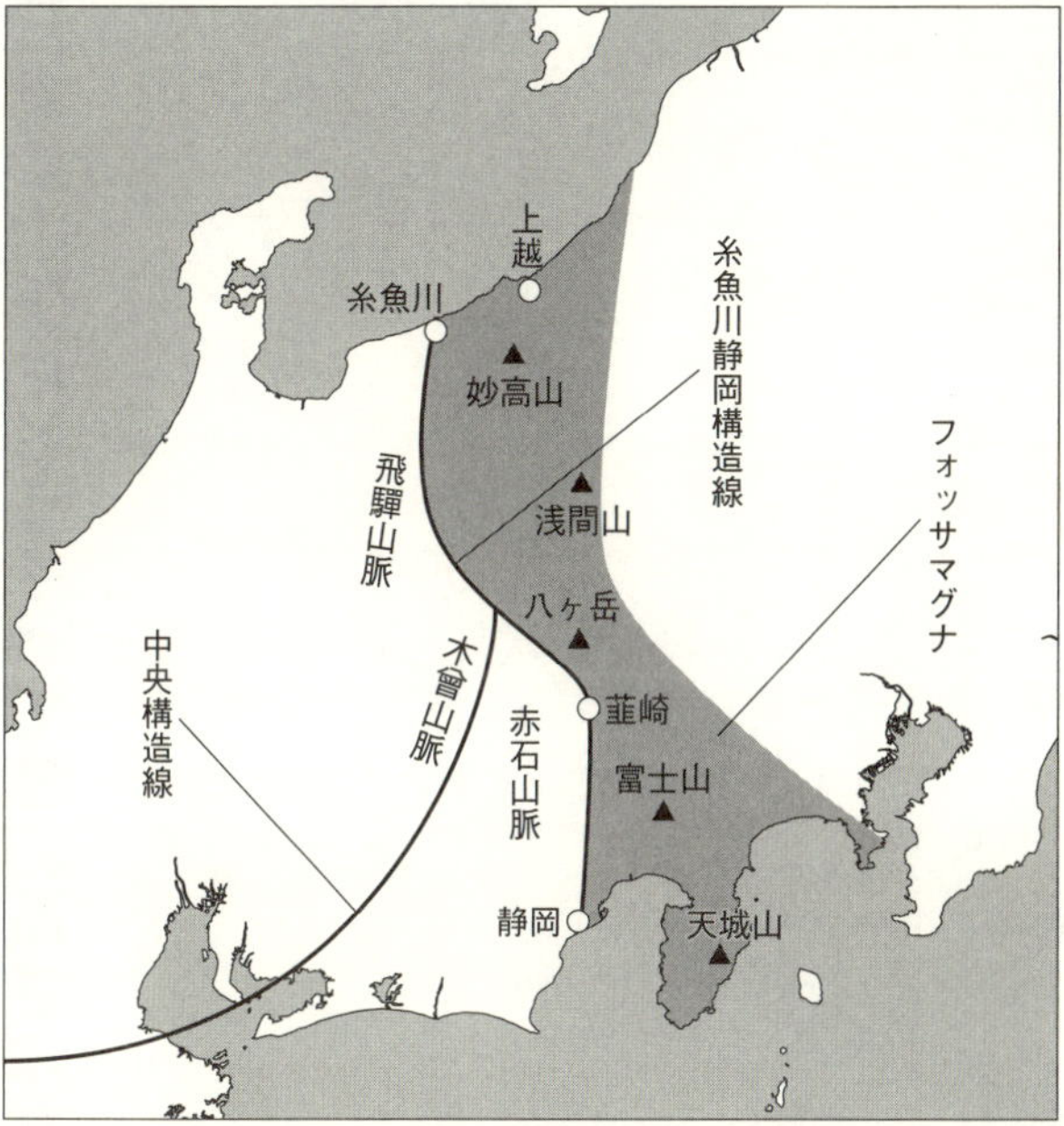

ったが、北アルプスは標高約3000メートル、越後山地は標高約2000メートルなので、それを足すと8000〜9000メートル以上の深さがあることになる。ヒマラヤ山脈がすっぽり埋まってしまう、隠された溝があるわけだ。

日本の山脈はどうやってあの高さになったのか？

山のでき方については、時代によって教えられていることが違う。

高校の教科書でも、1980年代には新しいプレートテクトニクス理論と、それ以前の「地向斜造山論《ちこうしゃぞうざんろん》」が両方とも書かれていた。

地向斜造山論とは、海底の地層が堆積してできた地向斜（地球表面の大規模な沈降地帯）が、何らかの力により隆起に転じて山脈を形成したという理論だ。

隆起させる力としては、地球の自転や地球の冷却、収縮による水平圧力などがあり、日本では花崗岩質マグマによる浮力がそれだと説明されてきた。そのように習った人も多いだろう。

その後、この理論は1990~94年度教科書ではコラムなどで過去の説として軽く紹介されるだけになり、1995年度以後の教科書からは消えてしまった。

プレートテクトニクス理論が登場してからは、プレート運動による山脈や弧状列島の成因が論じられるようになり、大陸プレート同士の衝突、隆起による山脈の形成、海洋プレ

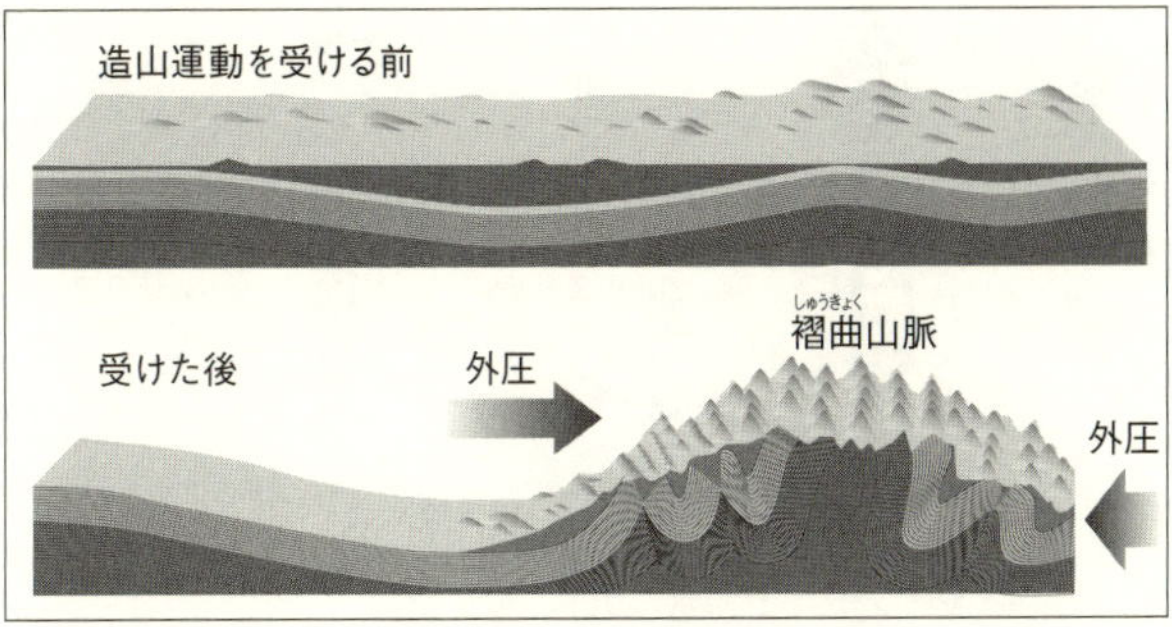

ートの沈み込みにともなう火成活動による島弧《とうこ》の形成、ホットスポットの活動による海山列の形成などが研究され、地向斜に由来する造山運動論を唱える人はほぼいない。

山脈のでき方だが、ヒマラヤ山脈やアルプス山脈のような高い山が連なっている山脈は、褶曲《しゅうきょく》（地層の側方からの大きな力で地層にしわがよる現象）によってできた褶曲山脈で、これをつくる大規模な地殻変動を造山運動という。

日本には火山によってできた山、褶曲によってできた山、断層によってできた山の三種類がある。

どの場合でも、高い山になるには土地が隆起しなければならない。

地層は横から大きな力で押されるとしわがよる。こうしてできた褶曲山地は、火山作用や断層運動をともなった複雑な地質構造をした山が多い。

断層によってできる地形のうち、地塁や傾動《けいどう》地塊《ちかい》の大きなものは山や山脈をつくる。このような山地を断層山地、地塊山地と呼ぶ。

北アルプス（飛騨山脈）もその一つだ。ここには白馬岳、槍岳、穂高岳など3000メートル級の高い山が南北に続き、西のほうは高原状の飛騨山地に続いている。

それに対して、東側には松本盆地に向かって大きな断層崖が続いている。このことから、北アルプスは断層の西側が押し上げられてできた傾動地塊だと考えられている。

赤石山脈、木曽山脈、養老山地、鈴鹿山脈、生駒山地、金剛山地などは、いずれも断層によってできた地塁や傾動地塊がもとになったものだ。

北アルプスでは、約200万年前という比較的新しい地層も大きく傾いており、隆起とともに地殻が大きく変形したことが確認されている。

近畿や四国には火山がないのに、なぜ温泉があるのか

近畿や四国には火山がないが、兵庫県の有馬温泉の「有明泉源」ではパイプから100度近い高温で無色透明の湯が出てくる。空気に触れると酸化して赤くなるので「金泉」と

もいわれている。この有馬の湯には海水の1・5〜2倍の塩分や、リチウムなどのレアメタル、マントルに存在するヘリウムガスの同位体「ヘリウム3」が含まれている。全国的に見ても多様で特異な泉質だ。

また、紀伊半島にも火山が一つもないのに白浜温泉、勝浦温泉、湯の峰温泉など多くの高温泉（泉温が42度以上の温泉）がある。中には100度近い泉温の温泉が湧いているところもある。

この温泉の熱源については、以前はよくわかっていなかった。紀伊半島南部の三重県と和歌山県の県境付近には、熊野酸性岩という第三紀の火成岩体がある。その岩体がまだ完全に冷え切っていないため、温泉の熱源となっているという説もあった。しかし、この火成岩体は今から1200万年前のものなので、熱源として考えるには古すぎる。

2003年、産業技術総合研究所が有馬温泉の温泉水は日本列島の下に潜り込んだフィリピン海プレートの脱水作用で発生した高温の熱水に由来する、との説を発表した。紀伊半島や大分県の高温泉についても、フィリピン海プレートの脱水作用に由来するものであることを示唆する報告がなされている。

どういうことかというと、フィリピン海プレートが日本列島の下に深く潜り込むにつれて高い圧力がかかり、それによってプレートの岩石から脱水が起こる。岩石の脱水によって発生する〝水〟は、数百度という高温の熱水だ。それが地下100キロメートル近くでできると、上昇して上部にあるマントルの岩石を溶かし、マグマをつくるため火山ができる。

しかし、有馬温泉などの起源となっている熱水は地下40～80キロメートルという浅い部分で発生しているため、マグマがつくられずに熱水のまま地上に向かって上昇する。プレートで発生した数百度という熱水は、地上に湧き出すまでの間に地下水と一緒になって温度が低下して温泉水となる。

このため、有馬の湯は雨水や海水を主成分とする地下水ではなく、火山のマグマから出る火山ガスの水蒸気と成分が一致するのだ。2013年、京都大学の川本竜彦助教らはフィリピンのピナツボ火山噴火に関する論文でこの説を裏づけた。

和歌山県白浜町の白浜温泉も有馬型で、大分平野（大分市）の地下にも「有馬型熱水」があるという。

東京の「溜池」にはいつごろまで本当に池があったのか

東京の地下鉄（東京メトロ）に「溜池山王」という駅がある。1997年（平成9年）9月に開業した駅で、銀座線と南北線が乗り入れている。銀座線の駅としては最も新しく、唯一平成以後に開業した駅だ。

かつてはここに上野の不忍池よりも大きな池があったというが、その池はどうなってしまったのだろう。

駅の南東には「溜池発祥の碑」がある。駅の開業を記念して建てられたもので、「溜池は江戸時代のはじめ、江戸城の防備を兼ねた外堀兼用の上水源としてつくられて水道の発祥地ともなり、徳川秀忠時代には鯉、鮒を放し蓮を植えて上野の不忍池に匹敵する江戸の名所となった」と書かれている。

港区によると溜池ができたのは1606年（慶長11年）ごろ。大名の浅野幸長《よしなが》（当時和歌山藩、のち広島藩主）が家康に取り入って、江戸城防備の外堀の一環とするとともに、飲料用の上水ダムとしてつくったという。

もともと湧水はあったが、堤をつくり水を溜めるようにしたことから溜池と呼ばれるようになった。その形から、ひょうたん池という別名でも呼ばれていた。神田上水、玉川上水が整備されるまではこの溜池の水を上水として利用しつつ、江戸城外濠の一部としても利用していたのだ。水質がよく、風景も美しかったので浮世絵などにも描かれている。

しかし、江戸後期から少しずつ埋め立てられ、敷地や畑として利用されるようになっていた。それでも、明治初期にはまだ相当に大きな池で、周辺には茶屋や飯屋が並ぶ行楽地だったという。しかし、やがて周囲がだんだん埋め立てられると水質も悪くなり、１８８９年（明治22年）に池は完全に姿を消した。

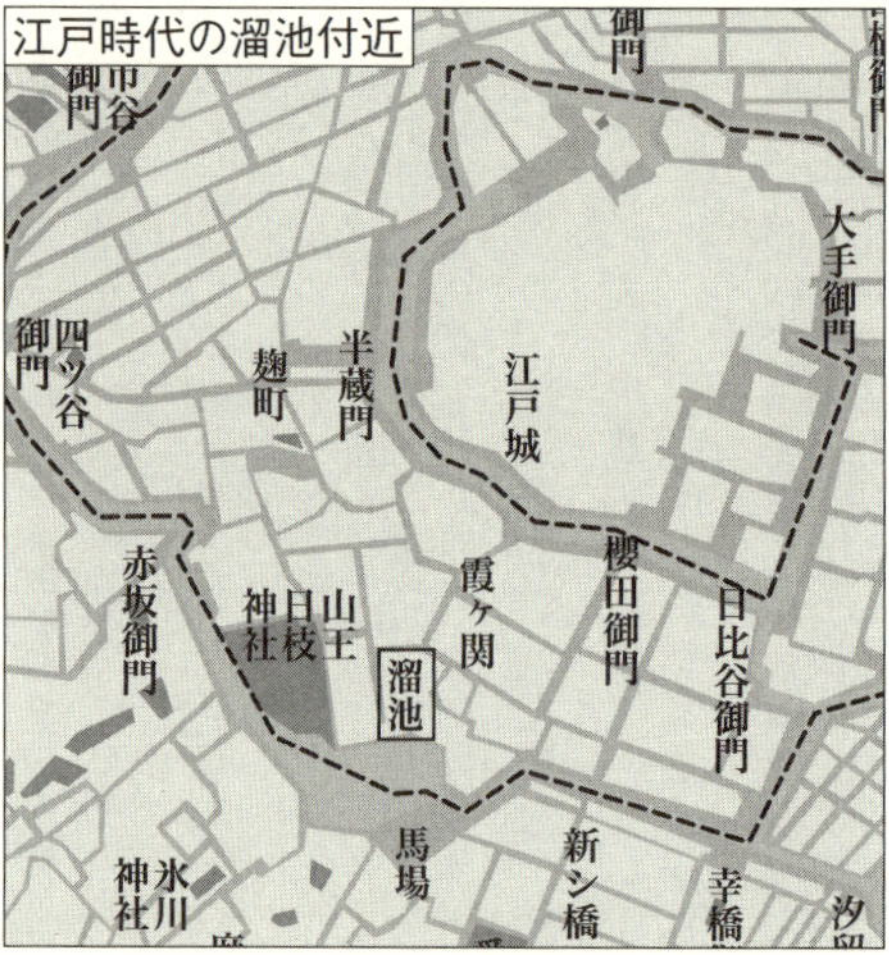

江戸時代の溜池付近

虎ノ門にある石垣は今も見られるが、そこから西北へ赤坂見附まで広がっていた大きな堀であった溜池をしのぶ手がかりは何も残っていない。

1888年（明治21年）12月、池の跡地に赤坂溜池町が創立されたが、その町名も1966年の住居表示実施に伴う町丁名変更により赤坂一丁目と赤坂二丁目となり、溜池町は消滅した。今では高速道路の下の溜池交差点と、東京地下鉄溜池山王駅、都営バス溜池停留所などにその名を残すだけだ。

「尾瀬ヶ原」の湿原ができた仕組みが明らかになってきた

尾瀬ヶ原は群馬県（利根郡片品村）、福島県（南会津郡檜枝岐村）、新潟県（魚沼市）の三県にまたがる日本最大の湿原だ。長さ約6キロメートル、幅1～2キロメートルにおよぶ細長い三角形をした盆地状の高原で、阿賀野川水系最大の支流である只見川の源流域である。

2000メートルを超える山々に囲まれ、その中で最も古い至仏山は今から2億年以上前に地面が隆起してできたといわれている。

尾瀬の成り立ちには諸説ある。

以前の説では、15万年ほど前から周囲の火山活動が活発になり、やがて燧《ひうち》ヶ岳《がたけ》の噴火によって只見川がせき止められて大きな湖ができた。その後、土砂が堆積して湿原になったといわれていた。

ところが、1972年（昭和47年）にボーリング調査を行ったところ、地下81メートルまで掘ってもそこに湖があったという証拠は得られなかった。そのため、「古代の湖説」は否定された。

現在の説では、数万年前に燧ヶ岳の噴火で只見川や沼尻川がせき止められ、尾瀬ヶ原と尾瀬沼が誕生したということになっている。

当時の尾瀬ヶ原は土砂で埋まった盆地だったが、そこへ周囲の山々から土砂が流れ込み、川の両端に自然堤防が形成された。やがて堤防に挟まれた水はけの悪い場所が湿地となり、水生植物が繁茂する。この植物は低温のために枯れても完全に腐らず、水中に堆積して「泥炭層」を形成した。

「泥炭層」は1年間に1ミリ弱しか堆積しないので、長い長い年月をかけて尾瀬の低層湿原は発達していった。そこへ酸性に強いミズゴケが侵入しはじめる。ミズゴケは湿原の中

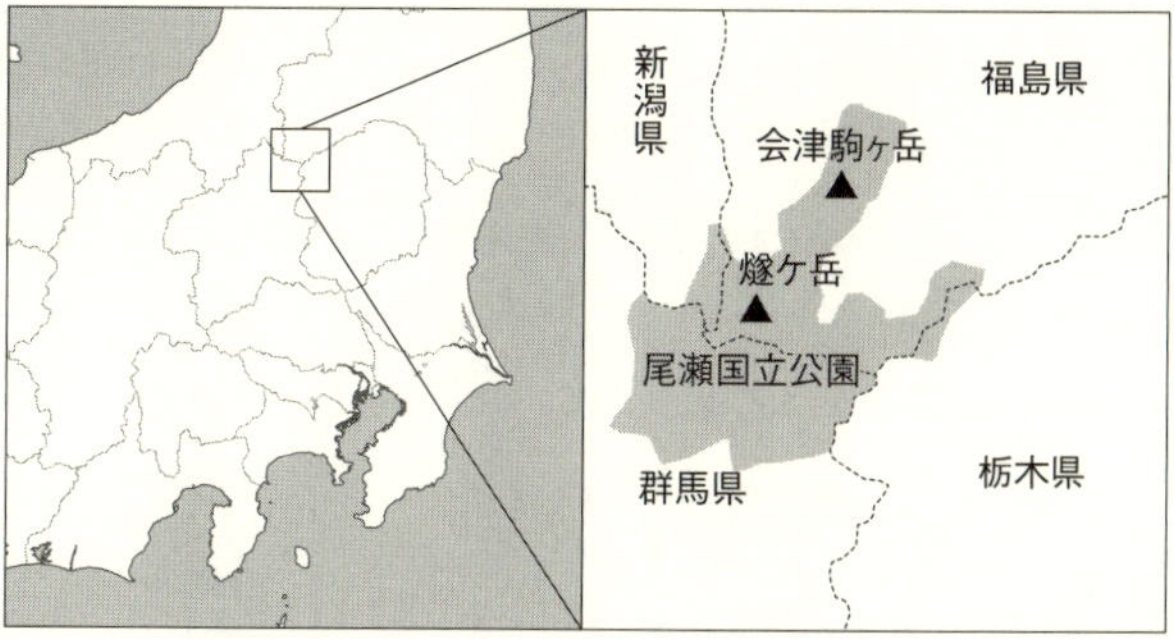

央部ほどよく発育するので、枯れたミズゴケは堆積し「泥炭層」となって凸レンズ状に盛り上がる。こうして高層湿原ができていったという説だ。

いずれにせよ、尾瀬ヶ原の成立が氷河時代であることは確かで、当時は寒冷地特有の植物が自生していたようだ。現在でもミズバショウやミズゴケなど、湿原特有の貴重な植物が見られる。

その後の温暖な時代、日本列島には南方からさまざまな植物が入ってくるが、尾瀬は高原の盆地という特殊な地理条件のため、氷河時代の植物がそのまま残ることになった。そのため尾瀬以外ではロシアが南限という植物も自生している。

湿原は地下水などの水分によって維持されているため、人間が踏んだり、開発などによって地下水位が変化したりすると失われてしまう。貴重な湿原を守るために、尾瀬湿原には総延長約65キロメートルもの木道が整備されている。

登るにつれて気温が上がる筑波山の不思議

「さあさあお立ち合い」で始まる「ガマの油売り口上」は、江戸時代に筑波山頂のガマ石の下で永井兵助が陣中膏「ガマの油」を売り出すために考案したもので、浅草寺境内で披露されたのが始まりとされる伝統芸能だ。

筑波山は茨城県つくば市北端にある標高877メートルの山で、西側の男体山（標高870メートル）と東側の女体山（標高877メートル）からなる。高い山ではないので、誰もが気楽に登山を楽しむことができる。

実はこの筑波山、登るにつれて気温が上がるという一風変わった山でもある。

ほとんどの山では、登って高度が高くなればなるほど気温は下がっていく。標高が100メートル上がるごとに気温は約0・6度ずつ下がるとされている。それなのに、冬の筑波山ではふもとより中腹あたりのほうが暖かいことがあるのだ。

冬のよく晴れた日、筑波山の南斜面から西斜面にかけての標高200〜300メートルのあたりでは、ベルト状にふもとより3〜4度気温が高くなる。これを斜面温暖帯と呼ぶ。この気温の逆転現象は「放射冷却」によって起こる。

放射冷却とは、日中暖められた地面が夜間に熱放射をして、地表面の空気を急激に冷やす現象をいう。快晴時は熱が雲に遮られることなく上空へ上っていくため、冷却効果も高くなるのだ。

放射冷却によって冷やされた中腹の地表近くの空気は重くなるので、斜面を下る山風となって冷たい空気を引き下ろす。そのため麓の気温は下がるが、冷気がなくなった中腹の斜面は快晴の太陽に照らされて気温が上がっていく。

筑波山以外でも放射冷却現象は起こってい

るが、標高が高く裾野が大きな山では、中腹にさらに上空の冷たい空気が下がってきてしまうため、斜面の温度は上がらない。標高が低く、山としてもそれほど大きくない筑波山だからこそ現れる珍しい現象なのだ。

地図の海岸線は満潮と干潮、どちらを表している？

「海岸線」とは海と陸の境目にあたるところだが、満潮と干潮がある海において、海岸線は時間によって絶え間なく変化している。

遠浅の海岸などでは波打ち際の場所が100メートル以上移動することもあるし、干潟のように満潮時には海になってしまうところもある。

しかし、国土地理院発行の2万5千分1地形図には、海岸線がはっきり描かれている。この地図上の海岸線は、どのように決められているのだろうか。

国土地理院の「地形図図式適用規定」には、「水涯線《すいがいせん》は、海においては満潮時における正射影《せいしゃえい》を表示する」とある。つまり、「水ぎわの線は海では満潮時に上から見た状態で書く」

ということだ。地図に描かれている海岸線は満潮時のものなのである。

そのため、有明海の干潟などは地図上では海として表記されている。

また、満潮と干潮は季節によっても変わる。総務省統計局では「海岸線延長」を「春分の日における満潮面と陸岸との交線の延長であり、原則として河口部は含まないが、海岸保全区域に指定されている部分は含む」と決めている。

さらに波の打ち寄せ具合によっても海岸線は変化するので、波のおだやかな日を選んで何枚もの航空写真を撮り、それを重ね合わせて平均地点を求めているのだ。

日本は四方を海に囲まれ、多くの島々からなる国なので、半島や岬、湾などによって海岸線は複雑に入り組んでいる。そのため国土の広さに比べて海岸線は長く、総延長は約3万5126キロメートル。これは世界第6位の長さで、日本の20倍以上の国土を持つアメリカやオーストラリアをも上回っている。

日本の領土面積は約38万平方キロメートルで世界第61位だが、国の面積当たりの海岸線延長は約92メートル／平方キロメートルで世界第1位である。

ついでにいうと、領海・排他的経済水域の面積は約447万平方キロメートルで世界第6位、領海・排他的経済水域の体積は約1580万立方キロメートルで世界第4位だ。

なお、国土地理院発行の地形図とは別に航海用の地図である「海図」というものがあるが、こちらは基本的に干潮時の海岸線で描かれている。

どうしてかというと、地形図は主に陸で使うものなので、土地として日常的に利用できる範囲として描かれているが、海図は航海するためのものなので、満潮時に隠れてしまう陸地や小さな島などを書いておかないと、座礁や転覆の危険があるからだ。

これナニ!?　小中学生が考案した地図記号が登場

A

このA、B二つの図形が何を表す記号なのかを知っている人は、かなりの地図通だといえる。これは国土地理院の2万5千分1地形図に2002年（平成14年）から新しく加えられた地図記号で、それ以前の古い地図にはないものだからだ。

地図記号が新たに加えられたのは数十年ぶりのことで、Aは博物館・美術館・歴史館を表し、Bは図書館を表している。ただし、図

B

C

D

E

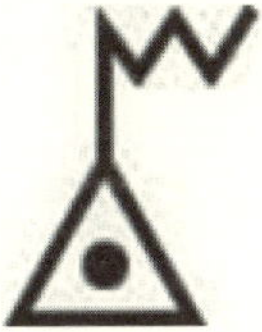

書館の分館にこの記号は使われない。

水族館、動物園、植物園は名称が表示されるだけで、まだ地図記号はない。

ＣとＤはさらに新しい地図記号で、２００６年（平成18年）から国土地理院発行の２万５千分１地形図に使われている。

Ｃは「風力発電用風車」の地図記号、Ｄは「老人ホーム」の地図記号で、国土地理院が全国の小学生・中学生から募集したデザインをもとに作成した。

国土地理院が地図記号を外部からデザインを募集してつくるのは初めてのことだ。12万件もの応募があったなか、老人ホームは鳥取の小学６年生の女子が、風車は京都府の中学１年生の男子が考えたデザインが採用されている。

Ｅは全国に約１３００点ある電子基準点の記号で、三角点と電波塔の記号を合わせたもの。ＧＮＳＳ（全球測位衛星システム）の電波を受けて正確な測量を行うために、国土地理院がつくった基準点の場所を表している。

第2章

誰かに話したくなる「地方」の小ネタ

屋久島では雪山を見ながら海水浴ができる

樹齢3000年以上とされる「縄文杉」で有名な屋久島は、鹿児島県の大隅半島佐多岬の南南西約60キロメートルの海上にある。豊かで美しい自然が残されており、観光客も多く訪れる。

島の中央部の宮之浦岳（1936メートル）を含む屋久杉自生林や西部林道付近など、島の面積の約21％にあたる107・47平方キロメートルがユネスコの世界遺産だ。

宮之浦岳や黒味岳など、奥岳といわれる最上部地帯の年間平均気温は6〜7度で、札幌市より低い。そのため、日本国内で積雪が観測される最南端の地点となっている。寒波がくると山岳地帯の雪の量も増え、完全に雪山となる。標高1300メートルにある縄文杉付近でも1メートル以上の雪が積もることがあるほどだ。

寒波がなくても、例年12月から2月にかけて山間部に数センチから数十センチ、奥山頂上付近では1メートル以上の雪が降る。雪質は湿った重いタイプの雪で、大量に降ると鹿児島県の土木課が通行規制を出して通行止めになる。こうなると、ヤクスギランドや白谷雲水峡などの標高の高い場所へは行けないので、ツアーが中止になることもある。

3月の彼岸以降でも大雪が降ったり路面が凍結したりすることがあり、4月以降でも頂上付近ではまだ冠雪が見られる。

屋久島では5月から9月にかけて海水浴ができる。砂浜が少なく、岩場の多い屋久島だが、山から運ばれる花崗岩が細かくなった砂でできている砂浜なので、遠くから見ると薄いクリーム色に見える。

5月の初めに海水浴に行けば、冠雪した山が見えることもある。ただ、雪の量は年によって大きく変化するので、いつでも見られるというわけではない。

日本でオーロラが見られるところがあるって本当？

オーロラといえばカナダやフィンランドなどの北極圏にでも行かなければ見られないという印象があるが、実は日本でも昔からオーロラが観測されていた。名古屋大学太陽地球環境研究所が制作した「オーロラ50のなぜ」によると、日本の古い書物にある「赤気《せっき》」という言葉はオーロラのことだという。

オーロラについて言及されている最も古い書物は『日本書紀』で、推古天皇の代には「天に赤気あり、その形は雉《きじ》の尾に似たり」という記述が残っている。大和飛鳥でもオーロラが見えていたのだ。

藤原定家の「明月記」には、「北の空から赤気が迫って来た。その中に、白い箇所が五カ所ほどあり、筋も見られる。恐ろしい光景なり」とある。国立極地研究所や国文学研究資料館などのチームは、これがオーロラだった可能性が高いと発表した。

最近の例では、北海道の一部で２０１５年12月21日未明、淡いオーロラが観測された。北海道内ではこの年の３月と６月にもオーロラが観測されている（毎日新聞２０１５年12月21日）。

オーロラとは、太陽から放出されたプラズマが地球磁気の勢力範囲に入り込み、磁力線に沿って加速され、極地の大気と衝突して発せられる現象で、通常は極域に出現する。りくべつ宇宙地球科学館館長の上出洋介名古屋大名誉教授によると、活発な太陽活動で地磁気が乱れる影響で、比較的緯度の低い北海道でも見られることがあるという。

日本で観測できるオーロラは「低緯度オーロラ」と呼ばれるもので、カーテン状に揺れ動く高緯度地域のオーロラとは異なり、赤く光るだけであまり動きはない。

低緯度オーロラを日本で見ることができるのは10年に1度くらいだといわれている。太陽の黒点活動が活発化すると、太陽表面でフレアと呼ばれる巨大な爆発が起こり、その影響で地球上の各地に激しい磁気嵐が発生する。低緯度オーロラが出現するのはそのような時だ。

2003年の低緯度オーロラは、滋賀県信楽町（現・甲賀市）にある京都大学宙空電波科学研究センター（現・京都大学生存圏研究所）でも観測された。本州での観測としては、1957年に新潟県内で観測されており、それ以後も山梨県や長野県でもオーロラ観測の報告がある。

しかし本州のような緯度になると、実際は発生しても人間の目に見える光にはならないことが多い。藤原定家のように肉眼で観測することはかなり難しいようだ。

明石市が日本の標準時になったのは「自己推薦」だった

日本の標準時が兵庫県明石市に定められているのは、東経135度が通っているという要因もあるが、国が標準時を明石市にすると定めたわけではない。明石市が最初に名乗り出たので、それが通ってしまったというのが真相だ。

世界の時刻を決めた国際子午線会議は1884年（明治17年）にアメリカのワシントンD.C.で行われ、世界の時刻の基準となる子午線をイギリスのグリニッジ天文台を通る子午線（経度0度）に決定した。

この会議を受けて、日本では2年後の1886年（明治19年）7月13日、明治政府が発布した勅令第51号「本初子午線経度計算方及標準時ノ件」によって、東経135度線が日本の子午線として指定された。この子午線は標準時を計算によって決定する際の基準となる。

これは1888年（明治21年）1月1日から適用されて日本の時刻は統一されたが、この時点ではどの「都市」かは定められていなかった。

日本で東経135度が通る都市は明石市だけではなく、京都府京丹後市、兵庫県淡路市、和歌山県和歌山市、兵庫県西脇市などがある。

特に西脇市は東経が135度であるばかりでなく、北緯35度という区切りの座標に位置し、「交差点標柱」が建てられていた。しかも明石市が標識を建てるより前から存在していたという。

この交差点標柱は1924年（大正13年）に陸軍が建てたもので、1978年（昭和53年）に当時の建設省（現国土交通省）が再計測を行い、正確な座標だと証明している。

だから、標柱が建てられた時点で「わが市が日本の標準時」と名乗っていれば、西脇市が標準時の市になっていたかもしれなかった。

ところが、1930年に明石市の小学校の先生たちがお金を出し合って東経135度上

に標識を立て、「日本標準時のまち」を名乗ってしまった。

国が定めたわけでもなく、ほかの都市と話し合って決めたわけでもないが、いわば早い者勝ちで「日本標準時のまち」になったのだ。その後、1960年には135度上に天文科学館を設立し、その地位を不動のものとしている。

江戸前寿司の「江戸前」ってどこを指している？

「江戸前」とは、本来は地域を意味する言葉で、江戸前面の海や川のことをいう。具体的な地域は、1819年（文政2年）に幕府配下の肴役所《さかなやくしょ》（魚納屋役所）へ提出した魚河岸魚問屋の答書によれば、品川洲崎の一番棒杭と深川洲崎の松棒杭を見通した範囲内の海ということになる。佃島はその中に入っているが、隅田川（大川）河口や羽田沖なども含まれていたと思われる。

ここで獲れる魚が「江戸前産」として珍重された。いわばブランドものだったわけだ。

一説には家康の関東入部のころにあった半島状の「江戸前島」の周辺で獲れた魚を意味

したともいう。

「江戸前」という表現が使われるようになったのは、江戸中期に流行した「雑俳《ざっぱい》」という俳諧の一種からだ。このころから「江戸前」は美味な魚の産地名にとどまらず、高級品の意味を含む言葉になっていたようだ。

享保末ごろから、タイやヒラメ以上にうなぎやアジが江戸前産として珍重されるようになった。さらに宝暦年間（1751〜64年）ごろになると、江戸前のうなぎの蒲焼が評判となり、「江戸前の風を団扇で叩き出し」という川柳も現れるほど、江戸前といえばうなぎを意味するようになった。

やがて「江戸前」という言葉は、江戸風の意味にも使われるようになった。酢飯にネタをのせて握った「江戸前寿司」は江戸前の魚を使い、ネタを酢で締めたり、茹でたりするという工夫をしてひと手間かけた寿司の意味である。

一方で、日本橋の魚市場には銚子沖で獲れたカツオ、金目鯛、ヒラメなどの鮮魚が毎日のように運ばれてきた。利根川河口や銚子沖で獲れた鮮魚は、生船（生魚を積むために生簀をつくった荷船）に積まれて利根川中流の布佐（千葉県我孫子市）まで約80キロメートルさかのぼった。

夕方運び込まれた鮮魚は翌早朝には馬に積み替え、江戸川の河岸場である松戸の納屋川岸（千葉県松戸市）まで運んだ。その際、生きた魚は血を抜き、笹の葉を敷いた竹籠に入れた。こうすると数日間は鮮度が保たれ、刺身にもできたという。

当時はタイ、ヒラメ、カツオ、アワビ、エビなどが高級魚とされ、イワシやマグロは下級魚だった。マグロの鮮度を保つ技術は江戸時代にはまだ確立されていなかったからだ。

関西はアホで関東はバカ。では明石市周辺の「ダボ」の由来は？

関西人は「アホ」という言葉をよく使うが、他人を罵倒するニュアンスは少ない。この「アホ」の語源は、古代中国の秦《しん》の始皇帝が建造した阿房宮《あぼうきゅう》にあるとされる。

建設に巨費を投じ、多くの農民を動員したことで秦の滅亡を早めた。そこから、愚かなことをしたという意味で「阿房」から「アホ」に転化したとされる。

一方、関東人は「バカ」という。言語学者によると、京都を中心に半径200キロメートルが「アホ圏」で、その外は「バカ圏」になるそうだ。

バカの語源は、仏教の梵語《ぼんご》で愚かというのは「マカ」といい、それを中国では「莫迦」という漢字で表した。それを日本では「バカ」と読んだとされており、馬鹿は当て字である。

愛知県あたりでは「タワケ」というが、タワケとは田を分けるという意味である。相続の際に惣領《そうりょう》がすべての田を受け継ぐのではなく、他の子たちへ田を分けていては田が細分化されてしまい、生活が成り立たなくなる。そこから、愚かなことだという意味になった。

また、関西圏でも明石市周辺では「ダボ」という。それには以下のような話がある。

播州明石藩主松平斉韶《なりつぐ》には直憲《なおのり》という嫡子があったが、1840年（天保11年）に十一代将軍家斉《いえなり》の26男斉宣《なりのぶ》が強引に養嗣子となり、家督を相続した。

肥前平戸藩主松浦静山が記した随筆集『甲子夜話《かっしやわ》』によると、斉宣が参勤交代で尾張藩領を通過した際、3歳の幼児が行列を横切ってしまった。

こうした場合はたいてい金で話がついたのだが、斉宣の家臣は幼児を本陣に連れ去った。宿場役人が幼児の赦免を願い、僧侶や神官も許しを嘆願した。だが、将軍の子としてプライドが高い斉宣は「余の行列を冒す者は許せぬ」と切り捨ててしまったのだ。

当時の尾張藩主は斉宣の異母兄徳川斉荘《なりたか》だったが、領民を殺害されて激怒した。御三家筆頭のメンツからも斉宣に使者を出し、「今後、当家の領地通行は無用」と、斉宣が尾張藩領を通行するのを禁止した。

東海道にも中山道にも尾張藩領があり、それを避けては参勤交代ができなくなるので、明石藩は困り果てた。

『甲子夜話』には、中山道をコソコソと潜行する明石藩の行列が見られたとしており、藩主の駕籠まわりには脇差しだけで農民姿の侍が従っていたという。1844年（天保15年）6月、明石藩主松平斉宣の喪が発せられた。享年二十だったという。

明石では斉宣を「切り捨て御免の守」と揶揄し、斉宣の悪政に苦しめられた領民は密かに斉宣を「駄《だ》ぁ坊《ぼう》」と呼んだとされ、それが詰まって「ダボ」になったという。

このエピソードは映画『十三人の刺客』の基本的な筋書きになっている。

人口が85万人もいる過疎の町があるってどういうこと？

千代田区には皇居、国会、首相官邸、各省庁や最高裁判所などがある。日本の政治経済の中枢部といっていい。それなのに千代田区の常住人口は、2005年（平成17年）で4万200人と都内23区では最少だ。

一方で総務省統計局のウェブサイトによると、東京都特別区部の昼間人口は港区が91万人（常住人口の4・9倍）と最も多く、次いで千代田区が85万人、新宿区が77万人となっている。

夜間の人口を100とした場合の昼間の人口を昼夜間人口比率と呼び、昼間人口と夜間人口の関係を表す指数として使われている。昼夜間人口比率は千代田区が2047・3と最も高い。次いで中央区が659・5、港区が489・4など5区で200を超えており、12区で100を超えている。100を下回っているのは葛飾区が80・7、江戸川区が81・8、練馬区が82・4など11区だ。

昼夜間人口比率が最も高い千代田区では、生徒の減少で小学校が次々と廃校になっている。かつて14校あった区立の小学校が平成5年度に9校に再編成され、平成30年現在では麹町小学校、九段小学校、番町小学校、富士見小学校、お茶の水小学校、千代田小学校、昌平小学校、和泉小学校の8校しかない。

つまり、千代田区では過疎化が進んでいるということになる。

千代田区の昼間人口は最初に掲げたように約85万人なので、夜になると人口が20分の1になってしまう。深夜のオフィス街はひっそりして不気味なほどだ。

この違いは平日と休日にも表れる。平日には多くのサラリーマンやＯＬで賑わうオフィス街の喫茶店や飲食店が休日にはほとんど休業してしまうので、ビル街は人通りも少なく、道路の渋滞もほとんどない。

駅周辺や公園などは休日でも活気にあふれているので、「過疎の町」という表現は当たらないかもしれないが、小学校が減り続けていることからそのように見えてしまうのだ。

「武蔵野」の名称は東京都と埼玉県どちらのもの？

国木田独歩が、１８９８年（明治31年）に上梓した随筆『武蔵野』は、今なお美しい風景の武蔵野を印象づけている。独歩は渋谷に住み、東京近郊を散策したりしており、ここに出てくる武蔵野は東京都の武蔵野である。

しかし、広辞苑によると武蔵野の範囲は「埼玉県川越以南、東京都府中までの間に拡がる地域」となっている。東京には武蔵野市という自治体もあり、埼玉県としては武蔵野の名を東京が独占しているようだと感じているかもしれない。

そもそも、旧武蔵国は武蔵野台地と下総台地に挟まれた東京低地を中心に形成されており、現在の東京都と埼玉県は共に武蔵国だった。埼玉県が武蔵野を主張するのも当然だ。

平安時代の武蔵野は原野の景観で、菅原孝標《たかすえ》の娘が記した『更級日記』では、「馬上の人が見えないほどの草に覆われた土地」で、どこまでも続く原野だったとしている。中世には武蔵野の大自然を題材とする歌が多数詠まれて、「月の名所」とされていた。

江戸時代になると人口の急増で新田開発が進められ、玉川上水や野火止用水の開削で、武蔵野台地の上でも農業ができるようになる。そうなると原野は失われていくが、田畑、屋敷林、雑木林という武蔵野の景観がつくられていった。

武蔵野のイメージは東京よりむしろ埼玉に残されている。武蔵野市といっても市内にはJRが通っていて吉祥寺駅、三鷹駅、武蔵境駅があり、23区外とはいえ東京都内でも人口密度が高い繁華な地である。また、東京都内ではまとまった広さの里山はほとんどなく、独歩が書いた景観からはほど遠い。

一方、埼玉県西南部は比較的開発がおよばなかったため、昔ながらの農村風景が残されている。新座市の平林寺ではまとまった境内林が開発を免れ、「武蔵野の雑木林の面影が残る広大な境内林」として国の天然記念物に指定されている。

74年間日本最高気温記録を保持した山形県が敗れた瞬間

２００７年８月16日、埼玉県熊谷市と岐阜県多治見市で気温40・９度を観測した。１９３３年（昭和８年）７月25日に山形県で記録した40・８度を抜いて、74年ぶりに国内最高気温を更新したのだ。

山形県は74年間保持していた日本の最高気温の記録を失ったことになる。

当時の山形新聞には、「きのふ　歴史的のあつさ　華氏百五度全国一の高温　測候所でも驚く」との見出しが躍った。本文には「酷熱」「殺人的な暑さ」などの文字も見られる。

この日は、熱帯低気圧が日本海から北海道方面に向かって猛スピードで進み、太平洋高気圧の張り出しと相まって、日本海沿岸では暖かく湿った空気が流れ込んでいた。

南西からの風に乗って新潟県から飯豊《いいで》山地を越えた空気は山形県内に吹き下ろし、乾い

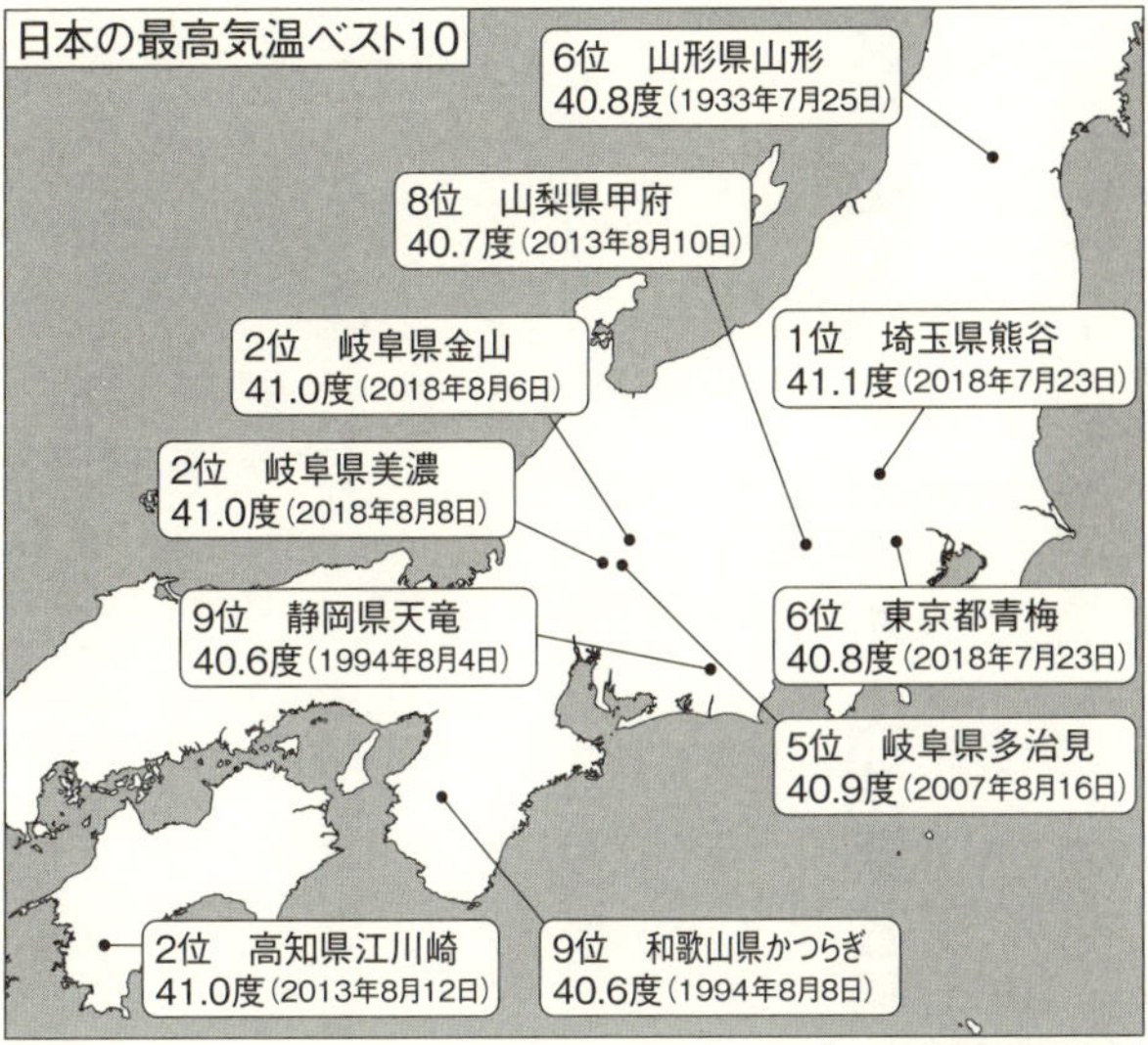

（2018年8月9日時点）

た熱風と化した。いわゆる「フェーン現象」だ。

25日15時の気象観測値を見ると、風上側の新潟では気温33・0度、湿度55パーセントだったのに対し、風下側の山形では気温40・6度、湿度26パーセントとなっている。

山形新聞には、当時の加藤山形測候所所長の「前古未曾有、最新レコードで創設以来のものです。明治四二年新潟測候所で三十九度一といふのがありましたが四十度突破は珍しいです」というコメントも掲載されている。

山形県が74年間保持した最高気温日本一の座を譲った2007年8月16日、

山形の気温は37・2度だった。この年の8月は偏西風が日本付近で北に大きく蛇行し、日本付近では太平洋高気圧の北への張り出しが強かった。これは、日本の夏の平均気温が1898年の統計開始以来、一番高くなった2010年の夏後半の大気の流れと似ている。

2007年の記録は2013年（平成25年）8月12日、高知県の江川崎で41・0度を観測したことで更新された。埼玉県熊谷市と岐阜県多治見市は、わずか6年でその座を譲ってしまったのである。

そして2018年7月23日、埼玉県熊谷市で国内史上最高気温の41・1度が観測された。埼玉県熊谷市は約10年ぶりに日本一の座を奪回したことになる。この争い、いつまで続くのだろうか。

富士山山頂をめぐる山梨県と静岡県の長すぎる争い

富士山は山梨県と静岡県の県境にあり、山頂の所有をお互い譲っていないが、この争いは江戸時代から続いており、「甲斐か駿河か」という論争があったようだ。

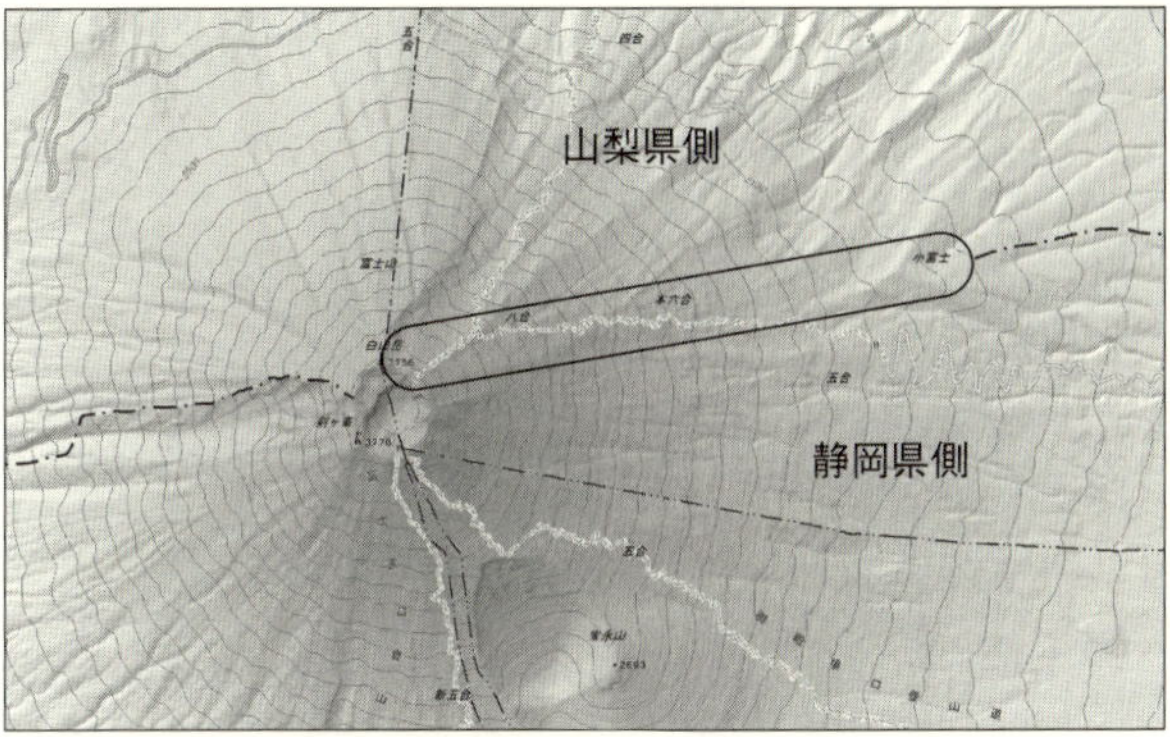

富士山頂付近では境界線（県境）が途切れている
（国土地理院地図）

山梨県では、旧5千円札や新千円札に描かれた富士山は山梨側から見たものであること、「逆さ富士」の図柄である本栖湖《もとすこ》をはじめとする富士五湖はすべて山梨県であることをその根拠としている。日本国が通用させている紙幣に採用されていることから、国も富士山を山梨県のものだと認めているといいたいのだろう。

静岡県は山梨県から見える富士山は「裏富士」で、葛飾北斎が描いた海と富士山の景観も静岡側からの構図だと主張している。

戦前は軍事上の問題から山頂は国が管理していた。しかし戦後になって富士山をご神体とする静岡県富士宮市にある富士山本宮浅間《せんげん》神社が所有権を主張して訴訟を起こしている。

裁判は最高裁まで争われ、1974年（昭和49

年）の最高裁判決では富士山8合目以上の土地は、富士山本宮浅間神社の神社有地であるとされた。２００４年（平成16年）、財務省東海財務局は最高裁判決に基づいて神社に対して土地を無償貸与する通知書を交付しているが、山頂に関しては国土地理院も全国で20カ所ある「境界未定地」の一つとしており、境界線を引くことができない。

富士山は遠くは和歌山県や福島県からも見えるとされ、〝日本の富士山〟ということでいいのではないかと思えるが、美しい富士山を自分のものにしたいというのが富士山の魔力なのだろう。

青森、秋田県境の「白神山地」と「十和田湖」はどちらのもの？

「あなたがライバルと思う都道府県」という調査で、青森県人が選んだ1位は秋田県で、秋田県人が選んだ1位は青森県だった。この2県の県境にまたがって十和田湖や白神山地があり、これらはどちらのものかという争いが古くからある。

十和田湖に関しては、２００８年（平成20年）7月から青森県十和田市、秋田県小坂町、

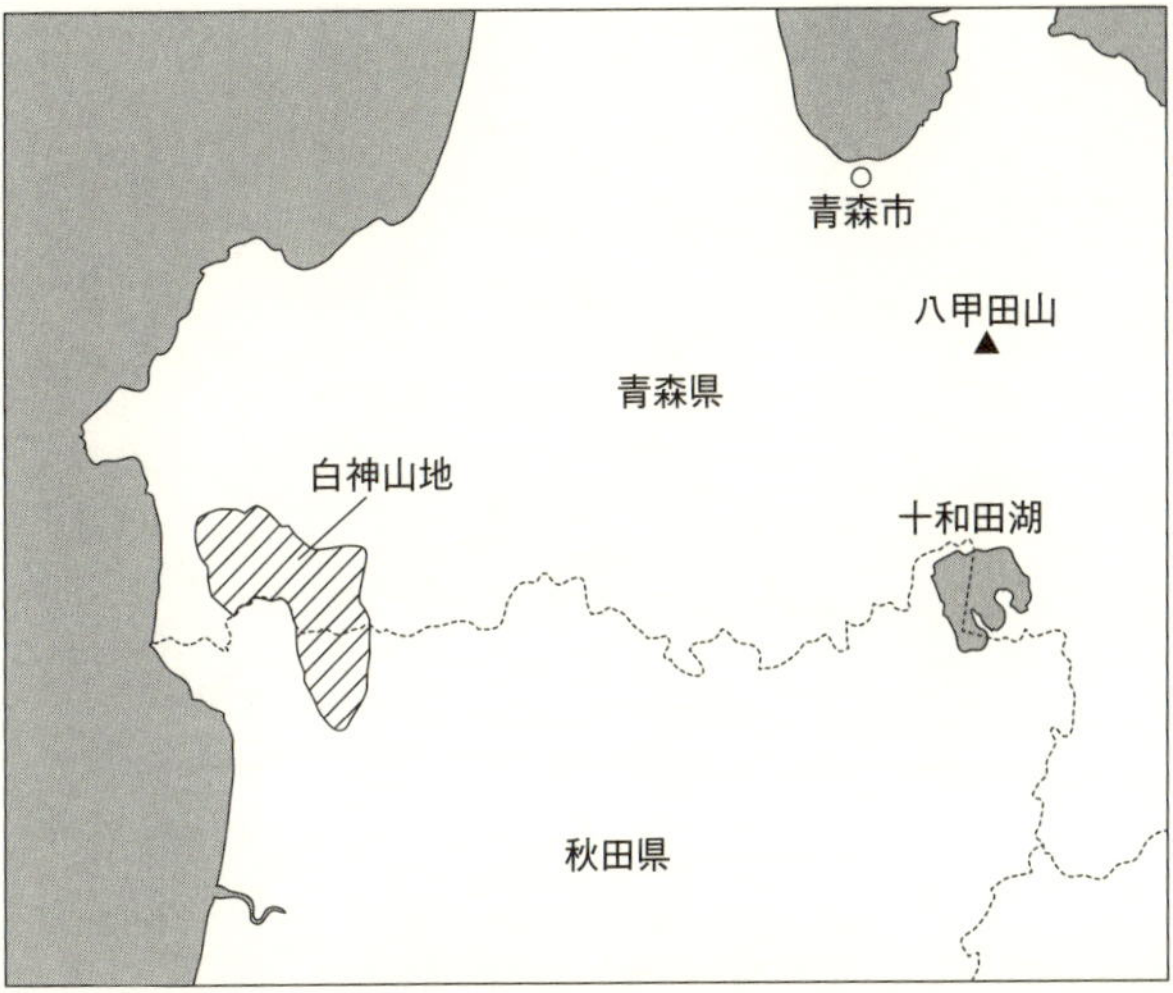

青森県、秋田県の4者で協議を重ね、8月には青森県知事、秋田県知事立ち会いのもとで「十和田湖湖面の6割を青森県、4割を秋田県」とする覚書を十和田市長と小坂町長が締結し、12月には境界が画定した。

もう一つの白神山地は、人の影響を受けていないブナの原生林が大規模に残っている世界的に例がない地域で、青森県西津軽郡鰺《あじ》ヶ《が》沢《さわ》町、深浦町、中津軽郡西目屋村、秋田県山本郡藤里町に接している。その約4分の3は青森県である。

白神山地は冬期には雪に覆われ、現在でも少しずつ隆起しているために地盤が弱い。林道をつくっても崖崩れで不通になることや、ブナが乾燥で変形したり腐ったりすることから建築材にならないため、〝役立たずの森〟とされ、伐採から逃れることができた。

しかし、1970年代になるとブナが楽器の材料などで活用されるようになり、白神山地の伐採計画が持ち上がった。1978年（昭和53年）に「青秋県境奥地開発林道開設促進期成同盟会」が結成され、1982年（昭和57年）には秋田工区と青森工区が相次いで着工した。

だが、翌年には「白神山地のブナ原生林を守る会」が結成され、1990年（平成2年）には林野庁が白神山地を森林生態系保護地域に指定。これによって世の流れは保護に向かい、青秋林道開設の打ち切りが確定した。

そして平成5年12月、「人の影響を受けていない原生的なブナ天然林が世界最大級の規模で分布」という理由で、ユネスコ世界遺産に登録された。青森県と秋田県は、世界遺産に登録されたことをゴールとするのではなく、未来永劫に受け継いでいくという、終わりのないスタートとすることにしている。

島崎藤村の生家が長野県から岐阜県に変更された

島崎藤村（本名島崎春樹）は1872年（明治5年）に筑摩県馬籠《まごめ》村に生まれた。藤村の生家は江戸時代に代々中山道の馬籠宿本陣、庄屋、問屋を兼ねた旧家である。藤村の父正樹《まさき》が最後の馬籠宿本陣当主で、明治維新後には宿場制度が廃止され、大名や役人の宿泊所という本陣の役目は終わった。

馬籠宿本陣は藤村の小説『夜明け前』の舞台で、主人公青山半蔵は父をモデルにしていた。木曽路で馬籠宿と並び称される妻籠《つまご》宿の本陣は藤村の母の実家で、兄宏助《ひろすけ》が養子に入った最後の当主である。

木曽地域は江戸時代には尾張藩領だったが、廃藩置県で名古屋県になった。藤村の誕生当時の県庁は松本の筑摩県だったが、4歳ごろに長野県となり、藤村は長野県木曽郡山口村出身の文豪とされてきた。

ところが2005年（平成17年）2月、いわゆる平成の大合併で山口村は岐阜県中津川市と県を越えた越境合併をしたため、藤村の出生地は岐阜県になってしまった。

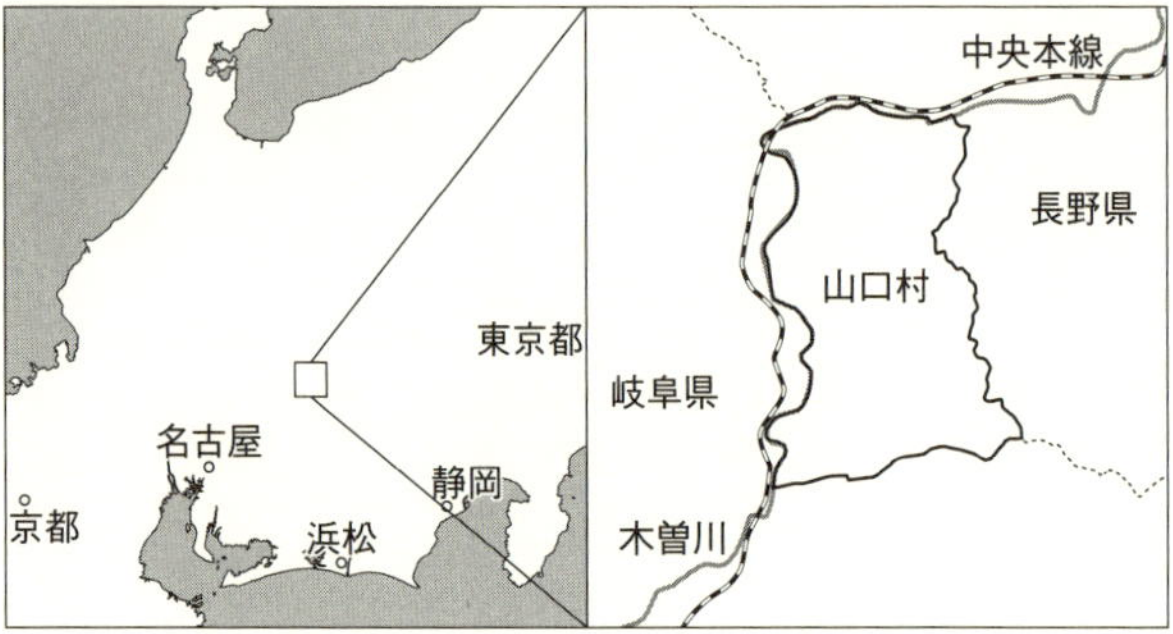

通常は同一都道府県内で合併するが、山口村は地形的にも文化的にも長野県より岐阜県との結びつきが強く、買い物に行くのも中津川であった。テレビ放送にしても長野県の民放は流れておらず、岐阜県からの放送を視聴していたという。

越境合併には双方の都道府県の議会決議が必要で、区域を失う側が反対する場合が多いため実現へのハードルは高い。この合併でも田中康夫長野県知事が強硬に反対しており、両市村からの申請を受理はしていたが、関連議案を県議会に提出しなかった。

だが、地方自治法が改正されて県をまたいだ合併がしやすくなり、山口村は長野県から岐阜県に編入されたのである。これは住民が望んだことであり、こうした例は他にも10例ほどある。

地下の藤村は、長野県から岐阜県出身になったことをどう感じているのだろう。

宮本武蔵の生誕地は兵庫県か岡山県か

剣豪として知られる宮本武蔵の生地は、武蔵自身が書いた『五輪書　地之巻』には「生《しょう》國播磨《ごくはりま》の武士、新免《しんめん》武蔵守藤原玄信《はるのぶ》、年つもりて六十。我若年の昔より、兵法の道に心をかけ、十三歳にして始て勝負をす」とあり、播磨国（現在の兵庫県）とされている。

だが、現在の岡山県である美作《みまさか》国に宮本村があり、ここが武蔵の生地であるとする声が上がってきた。宮本村には武蔵と両親の墓や系図もあるとされるが、研究者によると、武蔵が生きた時代に宮本村はなく、墓や系図は後世につくられたものということは明らかだそうだ。

吉川英治の小説『宮本武蔵』では、武蔵は宇喜多家の被官で十手術の達人である新免無《む》二齊《にさい》の子で、武蔵は関ヶ原の戦いに宇喜多軍の一兵卒として参戦している。新免氏というのは美作にある氏だが、無二齊の代で家は絶え、武蔵は無二齊に会ったこともない可能性

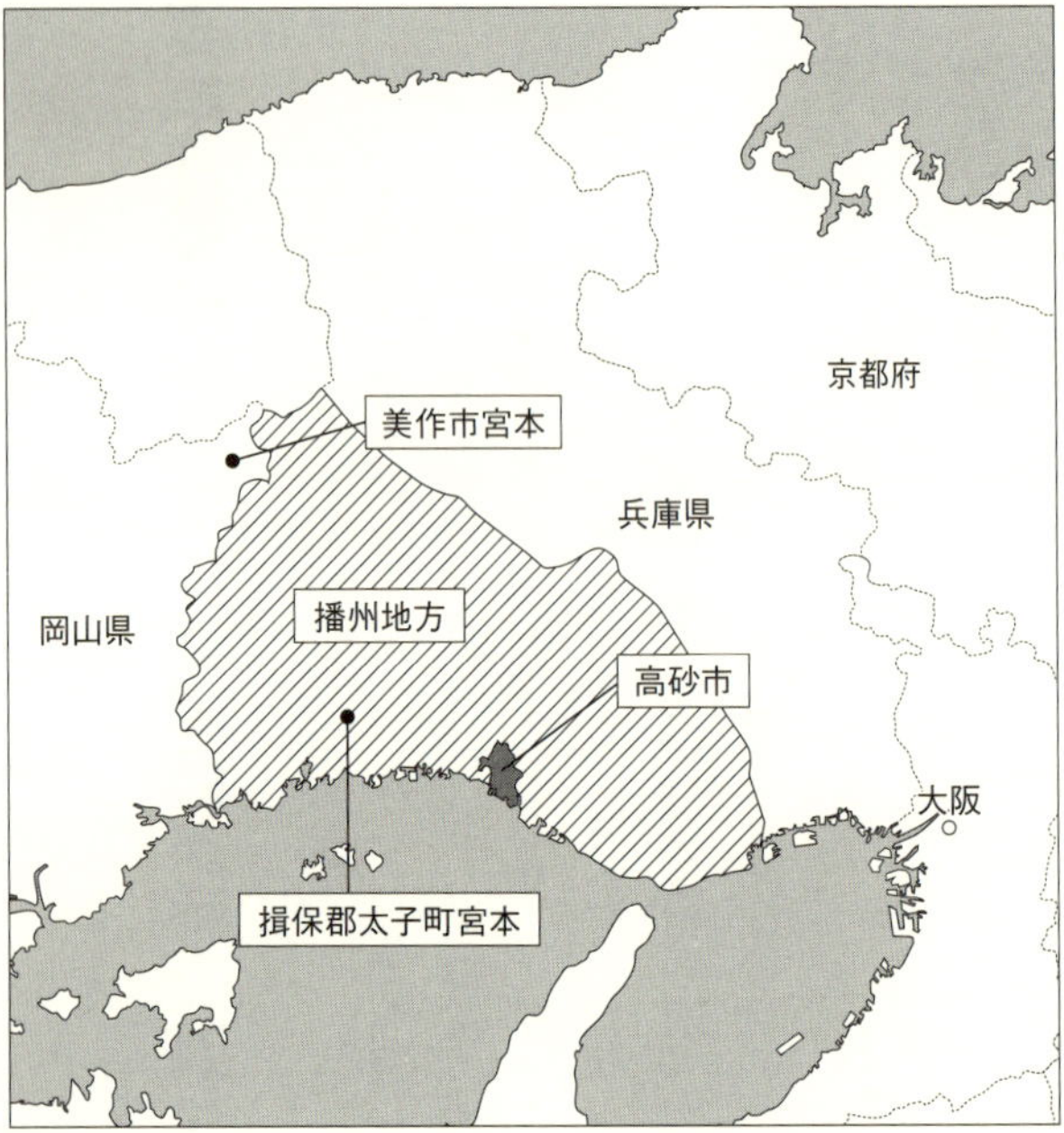

もあるようだ。

1727年（享保12年）に立花峯均《みねひら》が書いた『兵法大祖《へいほうたいそ》武州《ぶしゅう》玄信公伝来《げんしんこうでんらい》』という武蔵の伝記には、武蔵は父とともに黒田如水の配下で関ヶ原の戦いに参加したとあるが、黒田如水が九州平定を目指して九州で戦っていたことは、よく知られている。

武蔵の死後40年から70年にわたって、医師で天文学も修めた平野《ひらの》庸脩《ようしゅう》が広範に文献資料を参照して『播磨《はりま》鑑《かがみ》』という地誌を書いている。

それには、武蔵の生地は揖東《いとう》

郡宮本村としているそうだ。現在では姫路市の西隣の揖保《いぼ》郡太子町宮本になる。

これにも印南《いんなみ》郡米田村という、現在の高砂市を生地とする説もあるが、この地は武蔵が養子にした伊織が育った地である。

武蔵自身が生地は播磨とする以外に具体的な出自を書き残していないことが諸説を生む原因になっている。揖保郡宮本村とする物証はないが、『播磨鑑』は検証して確定したことや異説があればそれも綿密に調査しており、『播磨鑑』の説が最有力と思われる。

「厚木駅」が厚木市ではなく海老名市にある複雑な事情

厚木は古来、交通の要衝で大山阿夫利《おおやまあふり》神社に詣でる大山街道の宿場として発展した。かつては相模川を利用した水運も盛んで、川沿いに木材の集散地があったことで「アツメギ」となり、そこから「アツギ」になったという説もある。

現在の厚木市は人口が22万人を超す都市で、新宿から小田急線が通っていることで首都圏のベッドタウンとなっている。

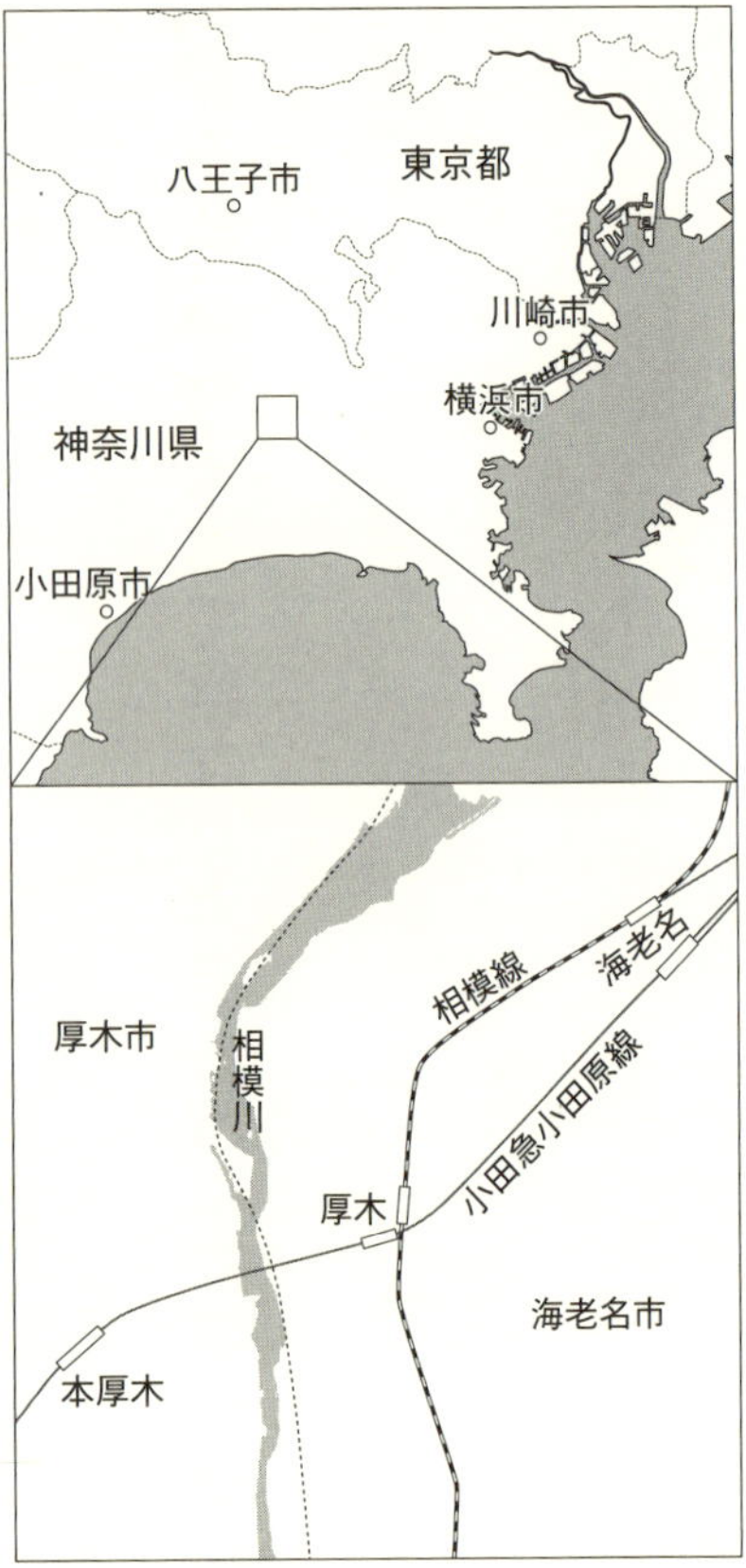

厚木市と海老名市の間には相模川が流れている。１９２６年（大正15年）に神中《じんちゅう》鉄道が開業し、蒸気機関車で二俣川から厚木までの路線とする予定だったが、相模川に鉄橋を架ける予算がなく、当時の厚木町ではなく海老名村につくった駅を厚木の玄関口という意味で厚木駅とした。厚木が海老名より知られていたという背景もあったが、このことが後に

混乱を招くことになる。

1943年（昭和18年）、相模鉄道が厚木駅で隣接していた神中鉄道を吸収合併し、翌年にはそれを国鉄（現JR）が軍事的な理由で買収して国鉄相模線と国鉄神中線になる。

さらに小田急が河原口駅を開設すると、相模線の厚木駅を小田急の近くに移設し、小田急と共同使用駅としたのでどちらも厚木駅になった。この時、小田急は厚木市にある「相模厚木駅」を、本来の厚木という意味で「本厚木」と名称変更した。

こうしたことから、厚木駅は海老名市にあり、厚木市には本厚木駅があることになった。厚木駅前の交番には「ここは海老名市です」という張り紙があり、大正時代末年の混乱を引きずっている。

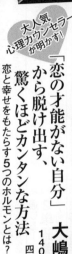

…発見、"自分"の発見!

…並製ほか話題の書

[B6判並製]
頭の回転が200%アップするクイズ
スキマ時間を楽しみながら、あっという間に脳のチカラがみなぎる本
知的生活追跡班【編】 1000円

[A5判並製]
国語力 大人のテスト1000
敬語、慣用句、四字熟語…日本語の〝落とし穴〟をまるごと集めた決定版
話題の達人倶楽部【編】 1000円

[B6判並製]
すごい会話のタネ700
どんな相手も必ず〝陥落〟する即効トークの秘密、教えます!
話題の達人倶楽部【編】 1000円

[B6判並製]
大人の雑学大全
もう雑談のネタに困らない!日本人の9割が知らないとっておきの219項
話題の達人倶楽部【編】 1000円

[B6判並製]
日本人の9割が知らない「ことばの選び方」大全
絵で見てわかる!日本語の意外な意味・由来・用法を集めた決定版
日本語研究会【編】 1000円

[A5判変型]
誰にも知られたくない大人の心理図鑑
「こころ」が読めるかどうかで人間関係は9割決まる!「心理法則」を大胆公開!
おもしろ心理学会【編】 1540円

[A5判並製]
2週間で体が変わるグルテンフリーの毎日ごはん
疲れがとれない、太りやすい…小麦抜き・乳製品抜きで心と体の不調が消える!
溝口 徹 大柳珠美 1560円

[…並製]
やってはいけないヨガ
このやり方、合っていますか? ムリせずいちばん効率よく成果がでるやり方
石井正則【著】 今津貴美(キミ)【ポーズ監修】 1380円

[B6判並製]
大人のアタマをもみほぐすパズル100
思考力、論理力を鍛える!子どもから大人まで楽しめる多彩なパズルが満載
知的生活追跡班【編】 1000円

[B6判並製]
通じる!2単語英会話
誰でも知っている単語を組み合わせるだけでOK!ビジネスも日常会話もこれ一冊で!
デイビッド・セイン 1000円

[B6判変型]
あの世に持っていくにはもったいない 陳平ここだけの話
86歳の陳平が、昭和〜平成の有名人たちの意外な素顔の数々を語ります
野末陳平 1000円

[B6判並製]
頭がサクッと!よくなる東大クイズ
解くよろこびが脳のチカラに変わる!解けば解くほどクセになるおもしろさ!
東京大学クイズ研究会【編】 1000円

[B6判並製]
理系脳が目覚めるクイズ
こう考えればよかったのか!頭の〝生産性〟が大幅アップする101問!
大人の脳力向上委員会【編】 1000円

[B6判並製]
ここが一番おもしろい理系の話
わかる!一目おかれる!「理系の目」で世の中が楽しめるようになる一冊
おもしろサイエンス学会【編】 1000円

[B6判変型]
大人の言い換えハンドブック
この一冊で語彙力を身につけて、あなたのことばをバージョンアップする!
話題の達人倶楽部【編】 1200円

[B6判並製]
パラパラめくってペラペラ話せる英会話
パラパラめくって眺めるだけで、〝ナマ〟の英語表現がきちんと身につく!
小池直己 1200円

第3章

「歴史」に隠された日本地理の名場面

北海道が三つの県に分割された時期があった

現在の北海道は日本列島を構成する主要4島の一つだが、日本国が領土として認識した歴史は新しい。

阿倍比羅夫《あべのひらふ》が飛鳥時代の658年から3年をかけて日本海側を北海道まで航海した際、蝦夷《えみし》を服属させたと『日本書紀』には記されているが、これによって北海道を領土としたという認識はなかった。

日本人に領土意識が濃厚になる室町・戦国期、本土から蝦夷地《えぞち》（北海道）へ和人《わじん》の渡航が増えるようになった。若狭《わかさ》国守護武田氏の近親が蝦夷地に渡り、現在の函館近辺を統治していた安東政季《あんどうまさすえ》の娘婿になり、蠣崎季繁《かきざきすえしげ》を名乗った。

また、若狭国守護武田信賢《のぶかた》の子信広《のぶひろ》は、武田家の相続問題から1452年（宝徳4年）に3人の家来とともに若狭を出奔した。一時は、古河公方の足利成氏《しげうじ》や陸奥の南部光政のもとに身を寄せたが、1454年（享徳3年）に蝦夷地に渡り、蠣崎季繁の客分となった。

やがて信広は蠣崎季繁の娘婿になる。

1457年（康正3年）にコシャマインを首謀者とするアイヌが蜂起すると、和人武士の館は次々と陥落した。この時、武田信広が武士たちを督励して反撃に出てコシャマインを討ち取った。信広は蠣崎氏を継ぎ、子孫は松前氏を名乗るようになる。

江戸時代になると、幕府から松前藩としてアイヌとの独占交易を認められたが、北海道全土を支配下に置くことはなかった。

江戸時代後期にはロシアが領土を拡張しつつあり、日本と通商を求めるようになった。江戸幕府は北方防衛の必要から最上徳内、近藤重蔵、間宮林蔵、伊能忠敬らに蝦夷地を調査させ、蝦夷地全土を幕府直轄領として蝦夷奉行を置くようになった。

1867年（慶応3年）には将軍慶喜が大政奉還をして幕府は消滅し、北海道は1868年（明治元年）に明治新政府領となった。しかし、旧幕臣榎本武揚は旧幕府軍を率いて箱館（現在の函館）に上陸し、蝦夷共和国を成立させた。

この箱館戦争も翌年には終結し、新政府は開拓使を置いて蝦夷地を「北海道」と改称して11国86郡を設置した。1870年には根室国の3郡だけが東京府の所領になるなど、分領支配された時期もあった。

1882年（明治15年）には北海道開拓使を廃止し、近代行政機関として函館県、札幌

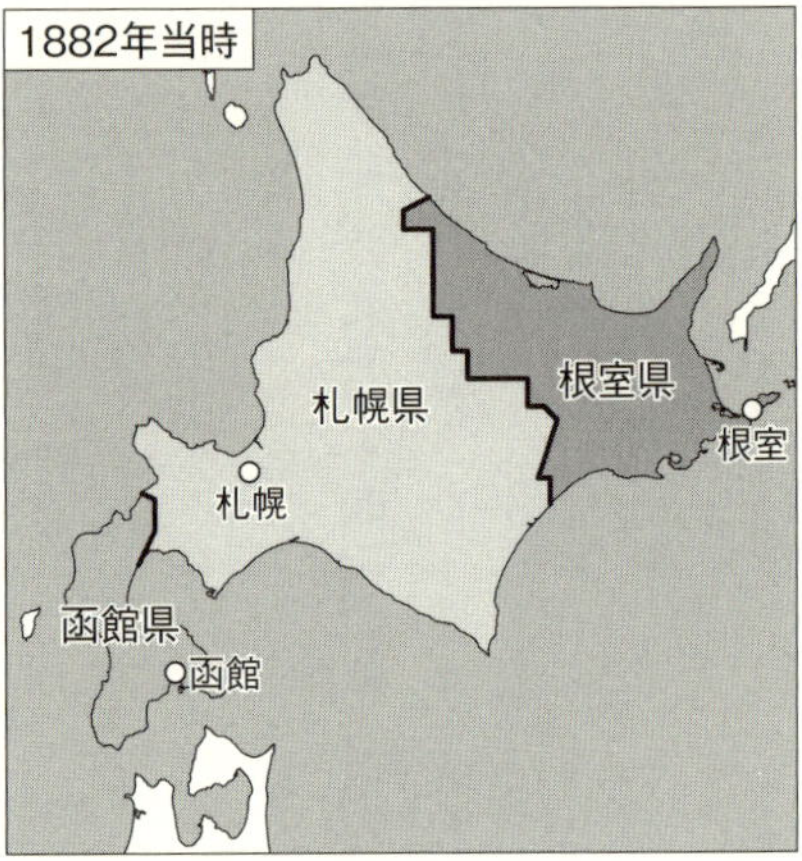

県、根室県の3県を設け「三県制」になった。だが、人口分布は函館県が14・8万人、札幌県が9・8万人、根室県が1・3万人と偏りがあったことから、この三県制は機能しなかった。1886年（明治19年）には三県を廃止し、北海道全域を管轄する内務省直轄の行政区画である北海道庁を設置した。わずか4年間だったが、北海道は三県に分割されていたのだ。

太平洋戦争敗戦後の1947年（昭和22年）には地方自治法が施行され、それまでの北海道庁は廃止され、地方公共団体としての北海道が発足し現在に至っている。

ちなみに北海道という名称は、江戸時代末期から蝦夷地を探検した松浦武四郎が明治政府に建白した「北加伊道」が由来になっている。

どうして都内の一等地に平将門の「首塚」があるのか

桓武天皇の孫高望王《たかもちおう》は平姓を賜って臣籍降下し、上総介《かずさのすけ》として赴任した。

当時は皇族が増えて朝廷では彼らを養う基盤に苦慮しており、また東国に頻発した群盗や俘囚《ふしゅう》の反乱に対応させるため、軍事貴族として高望王は東国に派遣されたのだ。高望王は武力的な能力がある人物だったのだろう。

また、中央では出世は望めないが、地方に赴任すれば役得も多く、富を蓄えるチャンスがあった。彼らは4年の任期を終えても都に帰らず、開拓農場主として地方に土着し、在地勢力と姻戚関係を結んで勢力を広げていった。

高望王の子である平良将《よしまさ》は、下総国豊田郡（現在の茨城県）を拠点にし、鎮守府将軍も務めた武将である。その子の将門は当時の軍事警察である検非違使《けびいし》になるため京に出たが、父の死により目的を果たせず郷里に帰った。ところが、将門の所領の多くはすでに父の兄弟たちに横領されていた。

将門は所領を奪還するため伯父の平国香《くにか》を殺害するなど、一族内部で抗争を展開した。

その間に、興世王《おきよおう》と源経基《みなもとのつねもと》が武蔵武芝と争いを起こしたのを調停した。源経基は朝廷に将門の謀反だと訴えたが、将門は坂東五カ国の国司の証明書を提出して疑いを晴らした。

坂東の諸勢力から頼りとされる存在になった将門に、常陸介藤原維幾《ひたちのすけふじわらのこれいく》と対立した藤原玄明《はるあき》が頼ってきた。維幾は玄明の引き渡しを要求するが将門は承知しなかったため、両者は合戦となった。

将門は維幾を常陸国府に追い詰め、国司の印と国倉の鍵を奪った。このことで将門は賊になり、さらに下野《しもつけ》と上野《こうずけ》の国府を占領し新皇を称するようになった。

そこで朝廷は将門追討令を発し、国香の子貞盛や維幾の子為憲、藤原秀郷が将門を攻撃した。940年（天慶3年）、戦いに敗れた将門の首は京に送られたが首は飛び帰り、武蔵国豊島郡平川村に埋葬され、津久井大明神として祀られた。この地は、現在の皇居平川門あたりとされる。

江戸城を築いた太田道灌は1478年（文明10年）に江戸城の田安台に将門を祀る社殿を造営したが、その後に将門の首塚は荒廃したため、将門の怨念が江戸の民に祟ったというわさが立った。そこで1309年（延慶2年）、将門は神田明神に祀られた。

江戸時代の将門の首塚は、酒井雅楽頭《さかいうたのかみ》の上屋敷の中庭にあった。その周辺は、現在では皇居近くの周辺にオフィスビルが建つ一等地になっている。そのため、近代的なオフィス街からはやや浮いたような存在の首塚が今も残っているのだ。

かつて銀座をナウマンゾウが闊歩していた

ナウマンゾウは65万〜42万年前ごろ日本列島に出現したと考えられている。現在のアジアゾウと近縁だが、やや小型で肩までの高さは2・5〜3メートルほどだった。

かつて日本列島が大陸と陸続きだったころ、陸地になっていた対馬海峡を渡って日本列島にやってきたようだ。その後は独自の進化をしたと考えられるが、2万年ほど前には衰退を始め、1万5000年ほど前に絶滅したと推定されている。

ナウマンゾウという名前から外国のゾウだという印象があるが、明治時代初期にドイツ人の地質学者ハインリッヒ・エドムント・ナウマンが横須賀で最初の標本を発見したことから名づけられた。長野県野尻湖の湖畔からは大量の化石が発見されている。

そして1971年（昭和46年）、東京メトロ明治神宮前駅のトンネル工事中にナウマンゾウの化石が発見された。

現在の銀座や日本橋といえば大都会東京のど真ん中という印象だが、はるか昔にはそのあたりをナウマンゾウが闊歩していたのである。

1976年（昭和51年）にも、都営地下鉄新宿線浜町駅の工事中に、地下約22メートルのところから三体のナウマンゾウの化石が発見された。出土した地層はおよそ1万5000年前のものと考えられ、後期旧石器時代にあたる。

つまり、この時代にはヒトとナウマンゾウがともに東京の地で生きていたのだ。旧石器時代の人々にとっては、食糧にする狩猟の対象だったのだろうが。

ナウマンゾウの化石は、東京都内だけでも田端駅、日本銀行本店など20カ所以上で発見されている。

さきたま古墳群の石室の石は鋸山から運ばれていた

千葉県の房総半島の南方、浦賀水道を眼下に望むところに鋸山《のこぎりやま》がある。鋸山は良質な凝灰岩を産するため、とくに江戸時代から近代にかけて建築用の資材として大量の石が切り出されてきた。

そのため、山肌に露出した岩がのこぎりの歯のように見えることから鋸山と名づけられた。なお、鋸山の石切場としての操業は1985年（昭和60年）に終了している。

鋸山の石が石材として利用されてきた歴史は、古くは古墳時代にまでさかのぼる。埼玉県行田市のさきたま古墳群には、全長90メートルの前方後円墳である「将軍塚古墳」があるが、その石室に用いられている石材の一部には表面に穴が空いており、多数の貝殻の化石も混じっている。これは鋸山が産する房州石《ぼうしゅういし》の特徴だ。

鋸山の石切場の遺構からは確実に古墳時代までさかのぼることができるものは確認されていないため、この石材が鋸山から切り出されたものと断定はできない。だが、将軍塚古墳の石室が鋸山の一帯で産出した凝灰岩からつくられたことは確実だ。

しかし、鋸山からさきたま古墳群までは直線距離で120キロメートルもある。この石材はどのようにして運ばれたのだろうか。

考えられるのは川を利用した方法だ。当時の利根川は江戸湾に注いでおり、海水面が上昇する縄文海進によって関東平野の奥地まで海が入り込んでいた。鋸山は海岸近くにあり、

切り出された石材は船か筏《いかだ》に載せて、利根川の河口からさかのぼったのではないかと推測できる。
　埼玉県の久喜市あたりまでは利根川の流れもゆるやかだったと想定され、この方法でさきたま古墳群の北まで到達できただろう。さらに、現在の行田市の市街地が広がる一帯はかつて湿地帯だった。
　古墳時代も同様だったとすれば、湿地帯の水量が多い時に水路を用いることで、鋸山からさきたま古墳群まで石を運ぶことができたと考えられる。

寅さんの柴又八幡神社の下には古墳があった

葛飾柴又《かつしかしばまた》といえば、映画『男はつらいよ』の舞台として全国的に知られている。京成金町線の柴又駅北側にある柴又八幡神社は、露出していた石組みや伝えられていた埴輪などから、元は古墳だろうと推測されていた。

1989年（平成元年）、葛飾区が独自に柴又八幡神社の学術調査を行った結果、全長30メートルの円墳であることが明らかになった。

柴又が最初に記録に現れるのは、正倉院に残る721年（養老5年）の「下総国葛飾郡《かつしかのこおり》大嶋郷戸籍」という戸籍帳で、その中の「嶋俣里《しままたり》」が現在の柴又のあたりではないかとされている。

「嶋俣」の「嶋」は島状の地形を表し、「俣」は川が分かれる場所、つまり中州を表している。このことから、柴又は東京低地の中州のような地であったことがわかる。

柴又は東京低地の中の微高地に立地し、周囲は一面に湿地帯が広がっていた。弥生時代の終わりごろからこの地に集落が営まれて42戸370人が居住しており、ほとんどの人が

「孔王部《あなほべ》」姓を名乗っていたという。

葛飾区が行った柴又八幡神社第五次調査では、つばのついた帽子をかぶった人物埴輪が出土した。この埴輪は『男はつらいよ』の寅さんを連想させるため「寅さん埴輪」と呼ばれ、前年に出土した女性の半身像埴輪は、寅さんの妹さくらにちなんで「さくら埴輪」と呼ばれるようになった。

また、「下総国葛飾郡戸籍」には、偶然にも「孔王部 刀良《とら》」と「孔王部 佐久良売《さくらめ》」の名があり、7名の刀良と2名の佐久良売がいたこともわかっている。

かつて利根川は東京湾に注いでいた

1590年（天正18年）、江戸に入部した徳川家康は江戸城と城下を水害から守り、物資の搬入に河川を用いた舟運の利便性を高めるために治水事業を積極的に進めた。

さらに利根川の治水事業に取りかかった。利根川は上野国利根郡から発するが、当時の関東地方は水害がたびたび発生する湿地や荒地の多い土地だった。そのため、元凶である利根川の流れを東側に移す「東遷事業」が試みられた。

当時の利根川は埼玉県の東部、現在の葛飾区水元、亀有に流れ、そこで古隅田川筋と中川筋に分流し、古隅田川筋は隅田川に合流。中川はそのまま南流して海へと注いでいた。

この水元、亀有からの古隅田川筋が古利根川と呼ばれるかつての利根川本流の流末で、古代・中世の武蔵と下総国の境となっていた。

１５９４年（文禄３年）には、利根川の旧流路の一つである会《あい》の川の締切工事をする。家康の死後も利根川治水事業は継続され、１６５４年（承応３年）に利根川の流れを常陸川へ落ちるようにした。１６６５年（寛文５年）には逆川を開削して北関東から江戸、さらに太平洋沿岸部の銚子に流れるようにしたのである。

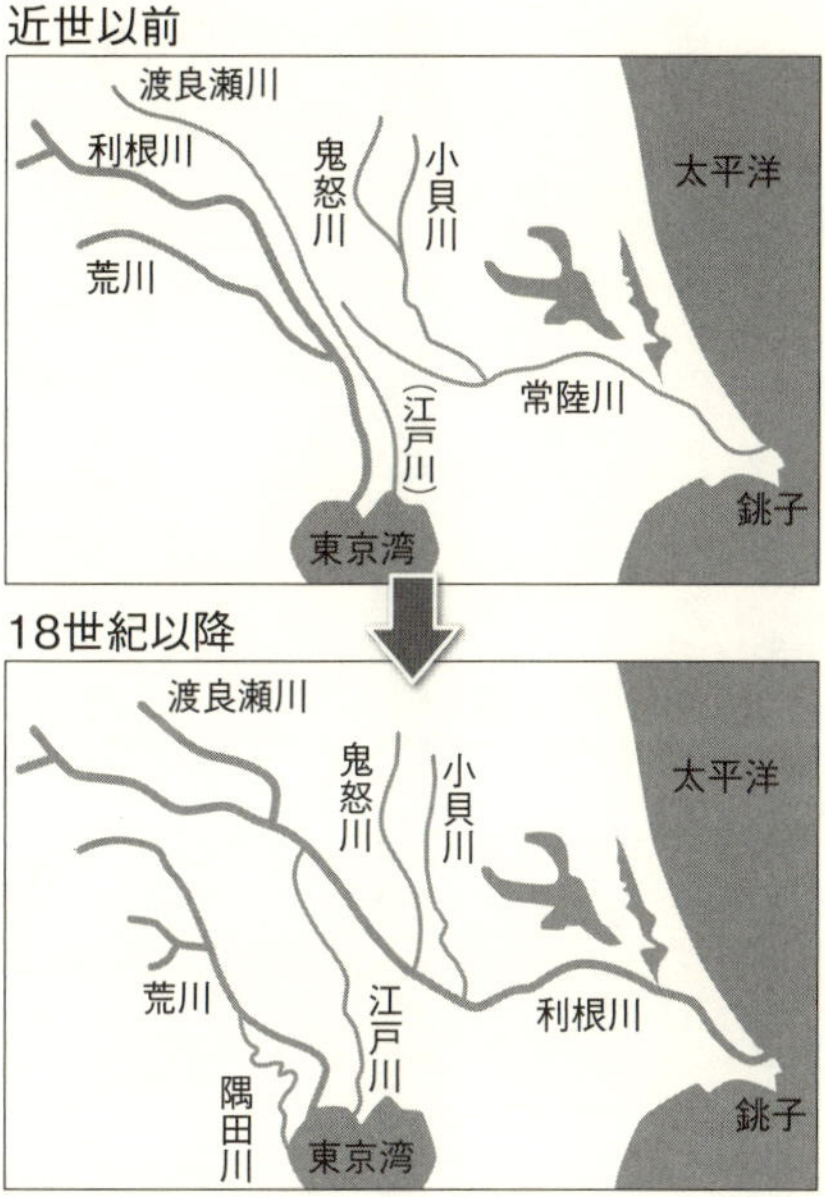

これによって太平洋と江戸を結ぶ舟運の大動脈が完成した。

江戸の人々は、東遷した利根川を「六十余州三大大河の一」と称し、「坂東太郎」とも呼んでいた。

豊臣秀吉の時代、京都にロサンゼルスがあった!?

1584年（天正12年）、豊臣秀吉はカトリック教会の修道会であるフランシスコ会に京都の妙満寺《みょうまんじ》の跡地を与えた。

フランシスコ会は貧しいキリストの生き方を手本に、個人の所有権を放棄して手仕事で生計を立て、足りないところを人々の施与に頼ったことから「托鉢修道会《たくはつしゅうどうかい》」とも呼ばれ、諸国を行脚しながら福音を伝えていた。

彼らは妙満寺跡に教会堂と病院、修道院を建てた。現在の京都市上京区竪富田町《たてとみだまち》付近に「大臼辻子《だいうすのずし》」「徒斯辻子《でいすのずし》」と呼ばれた十字路がかつてあり、このあたりが大臼町で教会もあったのではないかとされる。「だいうす」や「でいす」はデウス（神のラテン語）を意味したのだろう。

病院では当時の西洋医学を用いて献身的な治療をしていた。このボランティア精神からの布教活動で、年に500人を超える信者を獲得していたという。病気が治癒した患者は奉仕者となり、薬屋は薬品を無料提供する。

大臼町には苦しむ人に献身的に奉仕する人たちが集まり、信者たちはこの町を「ロサンゼルス」（Los Angels・天使の町）と呼んでいた。隙あらば自らの利益を拡大させようとする殺伐とした時代、彼らの生き方は日本人の精神に影響を与えたのではないだろうか。

日本で最初のクリスマスは今の山口県で行われた

西洋の宗教的行事の意味合いなどとは無関係に、日本ではクリスマスにケーキやチキンを食べ、子どもたちはサンタさんが持ってきてくれるプレゼントを楽しみにしている。

室町時代の周防国《すおう》（山口県東部）は守護大内氏のもと、朝鮮や明との交易で経済的に発展し、31代当主大内義隆《よしたか》のころには独自の文化が花開いていた。

世界宣教を目指したイエズス会士のフランシスコ・ザビエルは1549年（天文18年）薩摩に上陸し、翌年には山口に向かった。みすぼらしい身なりのザビエルが説くキリスト教の教えは、日本のしきたりを批判することもあり、当初大内義隆から受け入れられなかった。

しかし、京都や長崎を経て山口に戻ってきたザビエルは立派な服装で、望遠鏡、ギヤマン（ガラス）の水差し、小銃など多くの献上品を携えていた。それに気をよくした大内義隆は布教を許可し、廃寺になっていた大道寺を提供したのだ。

やがてザビエルは周防を去り中国へ向かうが、ザビエルとともにスペインからやってきた宣教師コメス・デ・トレスらは、大道寺跡に教会を建設した。その完成を記念して、1552年（天文21年）旧暦12月9日、ユリウス暦の12月24日にイエス・キリストの降誕祭を行い、日本人信徒とともに祝った。これが日本でクリスマスを祝った最初とされており、その後も毎年祝われていた。

戦国大名たちは貿易の利益を目論んでキリシタンになった面もあるが、庶民は純粋な信仰心で入信していた。その後、江戸時代に幕府はキリスト教を全面的に禁止し、信者は厳しく弾圧された。だが、一部の信者は隠れキリシタンとしてひそかに信仰を守り続けた。

長崎県や熊本県の隠れキリシタンたちが残した「長崎と天草地方の潜伏キリシタン関連遺産」は、２０１８年（平成30年）に国際記念物遺跡会議が国連教育科学文化機関（ユネスコ）に「登録が適当」と勧告したことで、世界遺産に登録されることになった。

金沢に文化が生まれたのは〝金持ち藩〟ならではの事情だった

１５９８年（慶長３年）８月、豊臣秀吉が大坂城で死去した。秀吉は子の秀頼がまだ６歳であるため行く末を案じ、実力者で大老の徳川家康と前田利家が互いを監視し、この二人を石田三成らの五奉行が監視する体制をつくっていた。

家康が秀吉の遺命に背いて豊臣譜代の大名たちと婚姻関係を結ぶと、利家は他の大老や奉行と連携し、家康を糾弾する姿勢を見せたが、家康が折れたことで収拾された。

徳川家康の抑え役として期待されていた利家は、病気によって慶長４年閏３月に死去する。利家は後継者の利長へ、秀頼の傅役《もりやく》（教育係）として具体的な方策を伝えていたが、利長には荷が重かった。

利家の死後、家康は豊臣家譜代大名を取り込んでいく。石田三成らと加藤清正らの対立などから利長は家康から帰国を勧められ、父の遺命を無視して領国の加賀に帰ってしまった。前田家の家老も「ご遺言を守れないようでは御運も末だ」とあきれ返ったという。

大坂に残った大老は家康のみとなり、家康の意向が豊臣政権の方針となった。家康は自分への暗殺計画を、利長が後ろで糸を引いていたと難癖をつけ、前田討伐を発動した。

驚いた利長は姻戚関係にある宇喜多秀家や細川忠興に助けを求め、実母の芳春院を人質として江戸に差し出し、養嗣子の弟利常と徳川秀忠の次女珠姫《たまひめ》を結婚させることで、家康に屈服した。

徳川家に対抗する気力を失った前田家は、関ヶ原の戦いでも大坂の陣でも徳川方で参戦し、120万石を領する大大名になった。

しかし、前田家は利家、利長の二代にわたって徳川家から仮想敵とされたため、常に徳川幕府に気を使わねばならず、用心を重ねてすごさざるを得なかった。下手に財力があるがために、反旗を翻すことを常に警戒されていたわけだ。

そこで前田家は、幕府の警戒心を煽らないよう、120万石という財力を工芸や文化という平和産業の育成に使うことにした。

武士には絶対に屈しないという生き方もあるが、加賀藩は最初からそれを放棄することで家臣や町民の生活の質を高めたのだ。現在でも「百万石文化」として城下町の文化景観とともに、伝統工芸である陶磁、漆・木工、金工、染織などの分野で多数の作家が活躍している。

江戸湾は〝ゴミ〟で埋め立てて陸地を広げられていた

1590年（天正18年）、江戸に入部した徳川家康は、江戸を「港湾都市」とする構想を持ち、江戸湊の整備を推進していった。現在の駿河台にあった「神田山」の丘陵を切り崩し、日比谷入江を埋め立てていく。当時は水深が浅く、埋め立てもしやすかったと思われる。

その後も開発は進められ、三代将軍家光の代に江戸城と城下の整備も一応の完成を見たが、大名の妻子を江戸に住まわせることを義務化したことで、武家屋敷に家臣や奉公人の住居も必要となり、さらに彼らの生活を支えるさまざまな商工業者の住居地も必要となったことで、江戸城下はさらに拡張を続けた。

紙、金属、生ゴミ、木材、古着など、江戸ではあらゆるものがリサイクルされていたが、それ以外の塵芥も大量に発生していた。

1655年（明暦元年）、塵芥を川へ投棄することが禁止され、ゴミの投棄場として隅田川の河口部の永代島（江東区永代）の干潟が指定された。

さらに明暦3年の大火で江戸市中の多くが灰燼に帰したことを契機に、隅田川東岸の低湿地の開発が本格的になった。現在、隅田川から中川の間の低地帯は江東デルタとも呼ばれており、JR総武線あたりまでが海岸線だった。

江戸の市民生活から出るゴミや災害時の瓦礫、掘割の開削土でこの江東デルタ地帯が埋め立てられ、新田開発も盛んになり、海岸線が南へと延長されていった。当時の江戸湾の河口部は、砂州や遠浅の干潟が広がっていたのだ。

さらに1696年（元禄9年）、亀井町と小伝馬町の二人の町人が江戸の町から出るゴミと隅田川河口を浚渫《しゅんせつ》して得られた土砂で海岸を埋め立て、新田を造成したい旨を願い出たところ、幕府は許可した。

幕府は永代島および周辺の干潟を十五万坪築地、十万坪築地、六万坪築地と指定し、こ

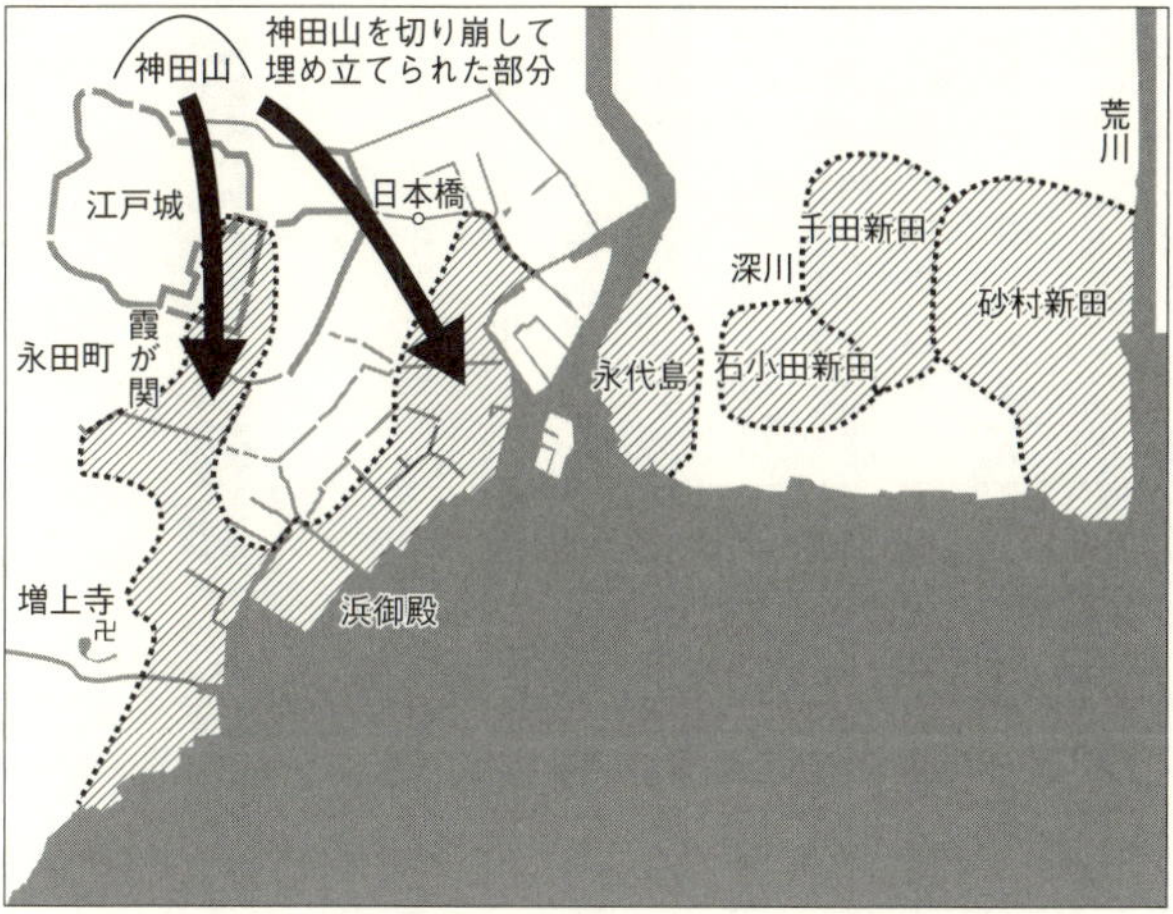

の地域にゴミを捨てるよう厳命した。

十五万坪築地は砂村新四郎が開発し、江戸への生鮮野菜を供給する砂村新田（江東区南砂町）が生まれた。十万坪築地は1711年（正徳元年）に埋め立てが終了し、開発者の一人、千田庄兵衛の名から千田新田となった。

六万坪築地は3分の1が1710年（宝永7年）と翌正徳元年に町人が買い受けて深川六万坪町ができたが、1766年（明和3年）に肥後熊本藩細川越中守の抱屋敷となった。残りの3分の2は1728年（享保13年）に石川・小柴・豊田らの町人の願いによって新田開発が許可され、開発者たちの一字を取って石小田《いしおだ》新田（江東区東陽）と名づけられた。

このように、現在の江東区周辺は江戸時代

のゴミの上に成り立っているといっても過言ではないのだ。

函館には「五稜郭」だけでなく「四稜郭」もあった！

1854年（安政元年）、日米和親条約の締結により箱館開港が決定したことで、幕府は松前藩領であった箱館周辺を上地《あげち》させて箱館奉行を置いた。

二代目箱館奉行に任じられた堀利熙《としひろ》は、奉行所の立地が箱館湾に近く、箱館湾からの艦砲射撃を受けやすいとして内陸部への移転を幕府に上申した。

老中の阿部正弘はこれを許可し、新奉行所は四方に土塁を巡らせ、周囲を堀で囲むことにした。土塁の設計は堀利熙に随行していた蘭学者の武田斐三郎《あやさぶろう》に命じている。

武田はヨーロッパで発達した城郭都市をモデルにして土塁を設計し、安政4年に着工。1864年（元治元年）に完成した「箱館御役所」は稜堡《りょうほ》（城壁の外に突き出した角の部分）が五カ所あるため、「五稜郭」と呼ばれた。

幕府崩壊後、榎本武揚らが五稜郭に立て籠もって新政府に抵抗したが、1869年（明

四稜郭（国土地理院地図サービス）

治2年）5月からの新政府軍の反撃では、箱館湾内から軍艦「甲鉄」が発した砲弾は五稜郭に到達しており、榎本軍に死傷者を出している。

それとは別に、箱館には蝶が羽を広げたような形の四稜郭もある。四稜郭は1869年、旧幕府軍が五稜郭を援護する支城、洋式台場として、五稜郭の北方3キロメートルの箱館を一望できる台地に急造した。

だが、新政府軍が五稜郭との中間の台場を占領したため、退路を断たれるのを恐れて四稜郭を放棄。五稜郭の本隊に合流したという。

この他にも函館には三稜郭、北の山奥には七稜郭もあるとされている。

どこが県庁所在地になるかは戊辰戦争が大いに関係していた⁉

1871年（明治4年）の廃藩置県により全国に県が置かれたが、旧藩が県に置き換えられただけであるため、当初は3府302県もあり、ほとんどの県庁所在地は旧藩の城下町だった。

さすがに302県は多いとして一時は37府県にまで絞られ、1890年（明治23年）ごろには現在とほぼ同じ1道3府43県となった。県庁所在地に指定されるのは戊辰戦争で官軍だった藩か、賊軍だった藩かということも考慮されたと一部では指摘されている。

たしかに、官軍だった薩摩藩が鹿児島市、長州藩が山口市、土佐藩が高知市、肥前佐賀藩が佐賀市と、それまでの藩庁がある都市がそのまま県庁所在地になっている。

新政府に徹底抗戦をして代表的な賊軍とされた会津藩は、福島県下で最大の23万石を領し、藩庁のある会津若松は県内最大の都市だったが、新政府の報復措置からか、県庁所在地候補から外され、わずか3万石の福島市が県庁所在地だ。同様の事情で山形県米沢市、岐阜県大垣市、滋賀県彦根市、三重県桑名市も県庁所在地になれなかったとされる。

しかし、財政難に苦しんでいた明治政府にとって、県庁として使用できる建築物があるかどうかも県庁所在地を決める際の重要なポイントだった。

群馬県では高崎市が県庁所在地に指定されたが、高崎城跡は陸軍が駐屯していたため寺を仮庁舎にしていた。そこで新庁舎を建設するまでということで前橋城跡を県庁としていたところ、前橋市が誘致運動を行い県庁所在地になっている。

また、今後発展する都市であるかどうかも重要だった。神奈川県には小田原や鎌倉があり、当時の横浜はこの2都市ほど大きくはなかった。だが、開港地であったことで今後の発展が見込めるとして県庁所在地に指定されている。

新潟港がある新潟市、神戸港がある兵庫県神戸市、長崎港がある長崎市も同様で、港湾都市であることが有利に働いたのだ。

伊賀上野が忍者の里になった地理的要因とは

忍者の起源は古代中国とされ、飛鳥時代に渡来人が伝えたとされる。日本では孫子の兵法にある間者の活用を説いた「用間篇」に修験道が合体したとされ、聖徳太子が「志能備《しのび》」を置いたともされている。

為政者などが世間の風聞を収集する必要がある時に、その技術にたけた者に依頼することがある。その役割を受け持つ者が技術を向上させ、専門化していったのだろう。

忍者集団は各地にいたが、なかでも伊賀と甲賀が有名だ。伊賀も甲賀も都に近く、高くはないが複雑な山に囲まれており、一種の隠れ里の感があるため潜拠するのに好都合である。忍者の里となるのに絶好の地理的条件が揃っていたわけだ。

現在の伊賀市の隣に名張《なばり》市があるが、その地名は隠れるという意味の隠《なばり》からだとされる。

現在は三重県である伊賀国は、680年（天武天皇9年）に伊勢国の一部から成立した、東西約30キロメートル、南北約35キロメートルという小さな国である。武士が台頭した鎌倉時代から室町時代には、180家もある在地土豪が守護勢力の入部を阻み、土豪が連合

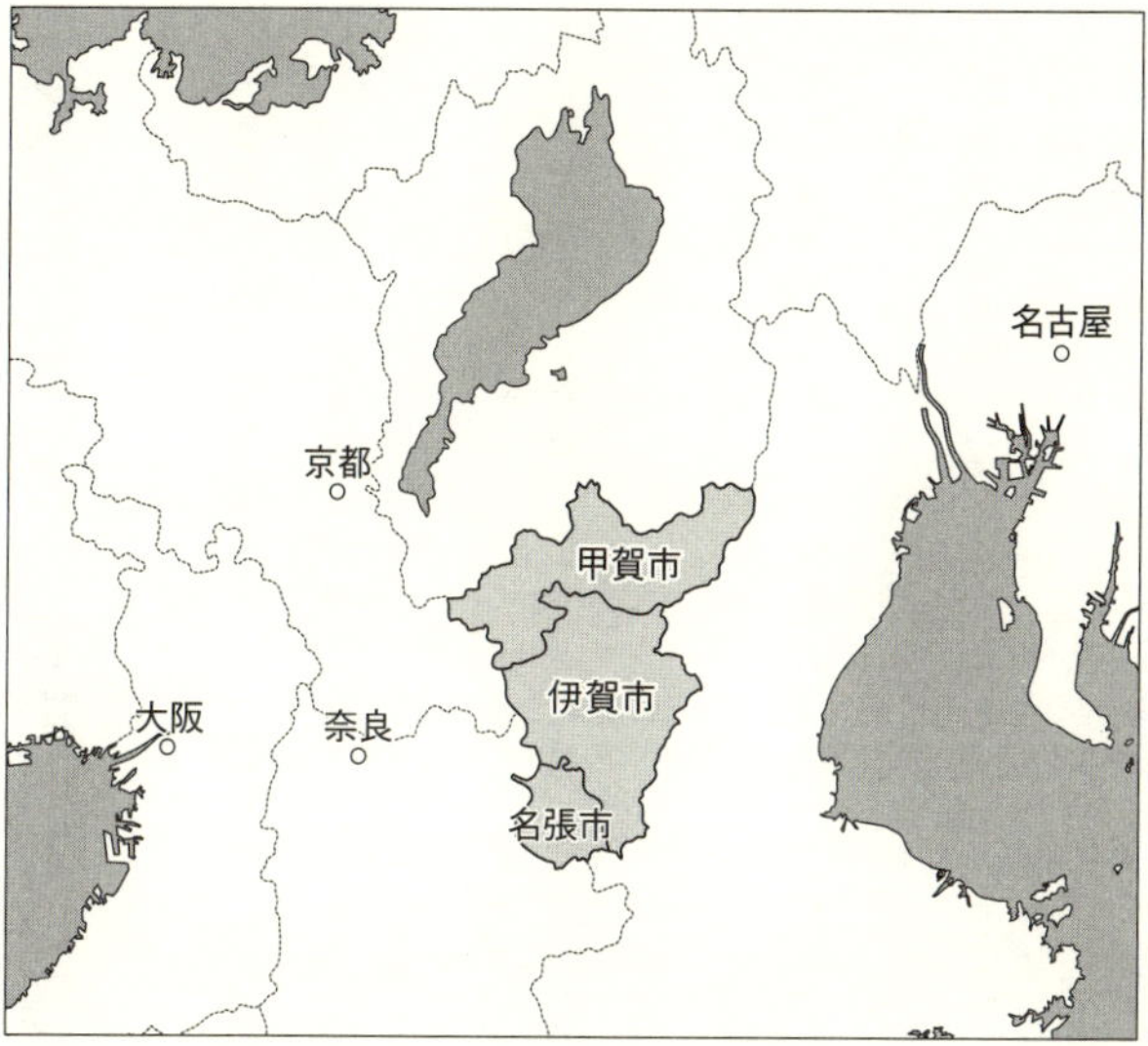

して支配していた。

彼らの持つ特殊技術は戦国大名に重宝され報酬を得ていたが、二度にわたる天正伊賀の乱で大きな危機を迎える。1576年（天正4年）の際は織田信雄軍を敗走させたものの、二度目となる1581年（天正9年）には織田信長によって壊滅的な打撃を受け、忍者たちは四散したのだ。

その後、江戸時代の1608年（慶長13年）には藤堂高虎が伊賀に入封した。藤堂家の家臣であった俳聖松尾芭蕉は隠密だったという説も語られている。

千葉と和歌山の地名が似ているのは偶然ではなかった

千葉県夷隅《いすみ》郡の御宿《おんじゅく》海岸は「網代《あじろ》湾」とも呼ばれる。

和歌山県由良《ゆら》町にも網代という大字《おおあざ》があり、この他にも「勝浦」「白浜」など、房総（千葉）と紀州（和歌山県）には同じ地名が多い。

これには諸説があるようだが、「漁師の移住説」が有力とされている。紀州の漁師が黒潮に乗ってタイを釣りながら北上し、現在の千葉県勝浦市の北にある「いすみ市」沖が好漁場であったことから定住したとされ、故郷の白浜や勝浦の風景に似た地に同じ名をつけたのではないかというのだ。

当時の関東は関西より漁法が遅れており、摂津佃村（大阪市西淀川区佃）の漁師たちは、徳川家康に招かれて江戸湾の佃島《つくだじま》に移住している。

紀州の漁法は「マダイのびしま釣り」「イワシのあぐり網」「イセエビ漁の海老網」などで、現代にも受け継がれているという。

房総の漁師には先祖は紀州出身という家も多く、漁師言葉も和歌山と共通するものが多いという。

太平洋と大西洋。なぜ「大平洋」ではないのか？

1519年、ポルトガル人探検家マゼランが南米最南端の海峡を発見し、そこがマゼラン海峡と呼ばれるようになる。マゼランがこの海峡を通過したところ、荒れ狂っていた大西洋と違って穏やかな海だったので、ラテン語で「Mare Pacificum」（「平穏な海」という意味）とした。

これが英語で「Pacific Ocean」となり、日本語に訳すときに穏やかなという意味のPacificを「泰平」とし、同じ意味がある「太平」を用いて太平洋としたのである。

一方、大西洋は英語で「Atlantic Ocean」である。大西洋はヨーロッパ人から見ると西の広い海であり、「地球を支える巨人のアトラスの海」というのが語源である。

大西洋は広いという意味で「大」であるが、太平洋は静かなという意味で「太平」を用いていることから「大平」ではないのである。

明治初期、東京の土地は大安売りされていた

1868年（明治元年）10月、新政府は都を京から江戸に移して東京と改称した。それまでの江戸は人口100万人を超える大都市だったが、武士が江戸を去ると急激に人口が減少し、明治初年には新潟県が63万5484人であったのに対して、東京は77万9361人になっていた。

大名屋敷や幕臣の屋敷は広大な空き地になり、新政府はこれらを接収した。1869年（明治2年）8月、太政官は東京市内を活性化させるため約916万6770坪（1坪＝約3・3平方メートル）を民間に払い下げることにした。

麹町、虎ノ門、霞が関で1000坪の土地の価格が25円である。当時の物価を現在に換算するのは多くの試算方法があり難しいのだが、約2万倍になっているという考え方もある。それからすると25円で買った1000坪の土地は50万円になっているはずだが、現実には現在の霞が関の地価は1坪約3100万円。地価が爆発的に高騰しているのがわかる。

番町、飯田橋、永田町などは1000坪で20円、市ヶ谷、四ッ谷、青山などは15円だっ

た。一部は政府高官が買い取って牧場を営んだが、売れ残った青山は墓地になった。

日比谷一帯は、江戸幕府時代には大名小路として親藩大名たちの屋敷が林立していたが、陸軍が練兵場に使用し、日暮れになると人通りもなかった。

1890年（明治23年）、政府は麻布に新兵舎の建設を計画し、その費用捻出に丸の内10万坪の払い下げを渋沢、大倉、三井という富豪に相談した。だが反応は悪く、三菱に話を持ち込んだ。

三菱を牽引する岩崎弥之助は国家に尽くすことを三菱の社是とし、東京市の年間予算の3倍に相当する128万円で購入した。

1894年（明治27年）、三菱は丸の内に赤レンガ造りで3階建ての三菱第一号館を竣工させ、ロンドンを彷彿とさせる町並みに変えていったのである。

また、江戸時代の銀座は両替商が集まっていたので両替町と呼ばれ、現在の銀座四丁目付近に賑わいがある程度だった。

1872年（明治5年）2月、和田倉門の兵部省から出火して丸の内から築地に燃え広がり、海に達して止まった。東京府知事の由利公正はこの災難を奇貨とし、京橋から新橋に至る一帯をレンガ建築にする都市計画を立て、焼け跡での家作を禁止した。

東京府は5年の歳月をかけ、7キロメートルにわたって銀座煉瓦《れんが》街を完成させた。老舗は日本橋で商売をしていたので、銀座には舶来品ショップなどを中心に開業し、ガス灯がともるとモダンな街にマッチした。

1872年の銀座四丁目の地価は1坪5円とすでに高価だったが、銀座の繁栄とともにさらに高騰していった。例年話題になる鳩居堂《きゅうきょどう》前の公示価格は、2017年（平成29年）時点で1坪1億6700万円である。

近江、上野、和泉などの難読地名は唐文化の影響だった

奈良時代初期、朝廷は先進国である唐の文化を導入した。713年（和銅6年）には唐や朝鮮諸国と同様に国や郡、郷の名称を漢字2字で表記せよという勅令が発せられた（好字令）。つまり、地名を漢字2文字にすることは古代日本の国家方針だったわけだ。

それまで3字で表記していた「牟射志《むさし》国」は「武蔵」に、「波伯吉《ははき》国」を伯耆《ほうき》に、「吉備《きび》道中国《どうなかつくに》」は備中《びっちゅう》に改められた。

それまで1字で表記していた「粟国」は「阿波国」に、「木国」は「紀伊国」に、「津国」は「摂津国」となり、泉は和をつけて「和泉」となった。「倭国《やまと》」は倭を和に変え大をつけて「大和国」となり、九州の阿蘇や雲仙に由来した「火の国」は「肥前国」と「肥後国」になった。島根県の隠岐《おき》や長崎県の壱岐《いき》はもとは「沖」の1字であったものが2字表記になり、三重県の志摩はもとは「島」だった。

また、都に近い琵琶湖は「近淡海《ちかつおうみ》」、都から離れた浜名湖を「遠淡海《とおつおうみ》」と呼んでいたが、それぞれ「近江《おうみ》」と「遠江《とおとうみ》」の2字名になった。

関東では古代の北関東にあった「毛野国《けぬ》」は「上毛野国《かみつけぬ》」と「下毛野国《しもつけぬ》」に分けていたが、これらも2字になって「上野国《こうずけ》」と「下野国《しもつけ》」になった。「毛」の字がなくなったが、「け」の音は残ったわけだ。この地方を流れる「毛野川《けのがわ》」は「鬼怒川《きぬがわ》」に変わっている。

このように、それまで3文字や1文字であった地名の表記を強引に2字にしたため、読みが難しい地名が多数誕生したのだ。

水戸と彦根——国政をゆるがす名門同士の深い因縁

　1853年（嘉永6年）にペリーが来航してから、日本国内は混乱の時代を迎えた。彦根藩主井伊直弼が大老になり開国を実施したが、尊皇攘夷を唱える水戸藩などがこれに反対した。井伊は幕政に反対する者たちを捕らえる「安政の大獄」を断行した。

　多くの処罰者を出した水戸藩の関鉄之介らは、脱藩したうえで1860年（安政7年）3月3日、上巳《じょうし》の節句で登城する井伊の行列を桜田門外で襲撃し暗殺した。

　この桜田門外の変で藩主を暗殺された彦根藩が水戸藩を敵視したのは当然だが、実はそれ以前から両藩の間には確執があったのだ。

　1808年（文化5年）4月、江戸川を航行する井伊家の船と仙台伊達家の船の間にいさかいが起き、伊達家の水夫が井伊側に捕らわれてしまった。伊達家はそこへ通りかかった水戸家の船に助けを求めた。水戸家は井伊側から伊達家の水夫を奪還してやったが、水戸家が御三家風を吹かせたことで、戦場では先陣を約束されているという自負のある井伊家は強い遺恨を持つようになった。

1811年（文化8年）には剣客を雇って水戸家の船に斬り込ませるという事件があり、彦根藩主の井伊直中は隠居を命じられ、直弼の兄直亮《なおあき》が家督を継ぐようになった。

1829年（文化12年）に、水戸家8代藩主斉脩《なりのぶ》が病で倒れると、水戸支藩の高松松平家の当主頼胤《よりたね》が水戸本家を継ぐ意思を見せた。

頼胤の弟で養嗣子になっていた頼聡《よりとし》の妻は、井伊直弼の娘千代子である。井伊家は頼胤を支援して水戸藩主に就けるように行動した。だが、斉脩の遺書が発見され、そこには後継者を弟の斉昭《なりあき》とするとあり、井伊家の努力むなしく斉昭が水戸藩主になったのだ。斉昭は将軍継嗣問題と開国問題で井伊直弼と対立し、それが桜田門外の変につながる。

斉昭は桜田門外の変後に急逝したが、斉昭の藩政改革を支えた下級藩士は天狗党と呼ばれ、保守派と戦闘になるほど激しく対立した。1864年（元治元年）に天狗党は暴走して筑波山で挙兵したが、京に滞在する斉昭の子である一橋慶喜を通じて、朝廷に尊皇攘夷の信条を達したいと京を目指した。

武田耕雲斎率いる天狗党は幕府軍の追撃を受けながら中山道を西に向かったが、水戸藩に一矢を報いたい彦根藩などが行く手を阻んだ。そのため敦賀に向かうも加賀藩に降伏した。過酷とされる安政の大獄でも死罪は8人だったが、天狗党は352人が死罪になった。

水戸藩内部にも天狗党に対して否定的な意見は多かったが、武士として切腹することも許されず斬首された。

こうした深い因縁はその後も解消されることはなく、時代が変わっていった。敦賀市と水戸市は、天狗党の処刑から100年後の1965年（昭和40年）に姉妹都市の提携を結んだ。そして桜田門外の変から108年たった昭和43年、明治100年を機に敦賀市の仲介で彦根市は水戸市と正式に和解して親善都市となり、各分野で親善が図られている。

会津と長州——今も解消されない幕末からの遺恨

会津藩は三代将軍家光の異母弟である保科正之が藩祖で、宗家の将軍家を大切にする家風だった。幕末まで会津藩に際立った動きはなかったが、大老井伊直弼が水戸藩士に暗殺される桜田門外の変が起こると、彦根藩士は水戸藩への報復を叫び、井伊の後押しで将軍になった家茂《いえもち》も水戸藩へ尾張藩と紀州藩の兵を出そうとした。

だが、会津藩主松平容保《かたもり》が使者となって幕府と水戸藩のいさかいを収拾したことから幕閣に注目された。

将軍家茂の上洛にあたって、幕府は京の治安維持に京都守護職を新設した。越前の松平春嶽《しゅんがく》は「その任は将軍家大切の家風の会津藩が適任」とし、執拗に就任を依頼。会津藩は芝を背負って火中に飛び込む格好になった。

京では長州藩が政治的な工作をして朝廷を主導していたが、容保は複雑な京都政界で政治的な動きはせず、誠意をもって対処しようとした。そんな容保の誠実さは孝明天皇から愛された。

容保は藩士に犯罪者の捕縛をさせるのはしのびないと苦慮していたが、幕府が将軍上洛に合わせて急遽組織した浪士組の近藤勇らが庇護を求めてきたことで、非常警察隊の「新選組」を組織させた。

過激に行動した長州藩は京を追われた。失地回復を図る長州藩士を中心とする攘夷派志士らは池田屋に集結し、騒乱を起こす企てをした。それを探知した新選組が1864年(元治元年)6月に池田屋を襲い多くの志士を斬った。その結果、長州藩の尊王攘夷派志士たちは新選組の後ろにある会津藩に恨みを集中させていく。

1868年(慶応4年)1月、鳥羽伏見の戦いで旧幕府軍が薩長軍に敗れる。新政府軍を指揮する西郷隆盛は「革命には血が必要」として、松平容保、会津藩を「賊軍」とした。奥羽越の諸藩は会津藩に同情して同盟を結成したが、新兵器を装備した薩長を中心とする新政府軍に敗れ、籠城した会津藩も降伏した。

薩摩藩には戦いが終われば以後の罪は問わないという武士道的考えがあったが、長州軍の主力は本来は武士ではない奇兵隊であった。会津若松市の各地に会津藩士の死骸が散乱していたが、長州隊士らはその埋葬を許さず、放置させることで報復していた。

以後、会津藩士は下北半島へ転封するなどして苦労を重ね、「薩摩は許せても長州は許せない」と恨みを募らせていった。

「1864年（元治元年）の蛤御門《はまぐりごもん》の変で長州藩は『朝敵』になっていた。孝明天皇から頼りにしているという内容の宸翰《しんかん》を二度も受けていた松平容保に、『賊』の汚名を着せたことが許せない――」と憤慨する会津若松市民も多いのだ。

2007年（平成19年）4月、山口県出身の安倍晋三首相が「先輩がご迷惑をおかけしたことをおわびしなければいけない」と発言した。さらに近年、会津若松で埋葬禁止したことを覆す史料が発見されたというが、会津人が長州人を嫌うことは根深い。

過去に山口県萩市から会津若松市に姉妹都市を締結しようという動きもあったが、成立していない。戊辰戦争から150年を経た現在でも遺恨が解消される様子はないようだ。

長野市と松本市——今も残る山を隔てての「南北格差」

現在の長野県は『古事記』には科野国《しなののくに》とあり、科の木を多く産した野を意味したとされる。704年（大宝4年）に信濃国に改められた。

古くは現在の上田市一帯の小県郡《ちいさがた》が中心であったが、諏訪神社のある諏訪地方が諏訪国として独立した時期もあった。

平安時代の法令集である『延喜式《えんぎしき》』での信濃国には、伊那《いな》、諏方《すわ》、筑摩《つかま》、安曇《あずみ》、更級《さらしな》、水内《みのち》、高井、埴科《はにしな》、小県、佐久《さく》の10郡があり、現在の木曾地方を除く大部分である。

現在の長野県を地図で見ても、岩手県、福島県に次ぐ大きな面積を持つ。古代に越前、越中、越後に分けられた越国《こしのくに》のように、分割されなかったのが不思議だ。

1871年（明治4年）の廃藩置県では、善光寺のある長野に県庁を置く長野市と、飛騨国の領域も含んだ松本に県庁を置く筑摩《ちくま》県に分かれたが、1876年（明治9年）の筑摩県庁の焼失をきっかけに筑摩県は長野県に編入され、筑摩県の旧飛騨国地域は岐阜県に合併されて現在に至っている。

筑摩県は長野県の3倍も大きく、中心の松本市も県庁所在地となるにふさわしい都市だという自負がある。そのため松本市としては、長野県に吸収され長野市に県庁所在地があることに大きくプライドを傷つけられたのだろう。

広い長野県では、北部と南部で風土も文化も異なるうえ、江戸時代には多くの藩や幕府の直轄領があり、県域の一体感は希薄で「南北格差」と呼ばれる地域対立が残った。

1948年（昭和23年）には長野県庁が一部焼失。この事件をきっかけとして、長野県を二つに分割することが議会で本格的に話し合われるようになった。このときの定例県議会には大きな注目が集まり、警官150人が動員された。結局実現には至らなかったが、このとき議会で分割案が可決されても政府や国会は分割を認めない方針だったという。

現在でも名古屋に近い県南の人たちは、県北との文化の違いなどを語る人も多い。

1900年（明治33年）に浅井洌《れつ》が作詞し、北村季晴《すえはる》が作曲した「信濃の国」の歌は、長野県の地理や歴史、文化を歌い込んでおり、県民意識の一体性を高める長野県歌として県民の間で歌われているというが、その効果のほどは不明だ。

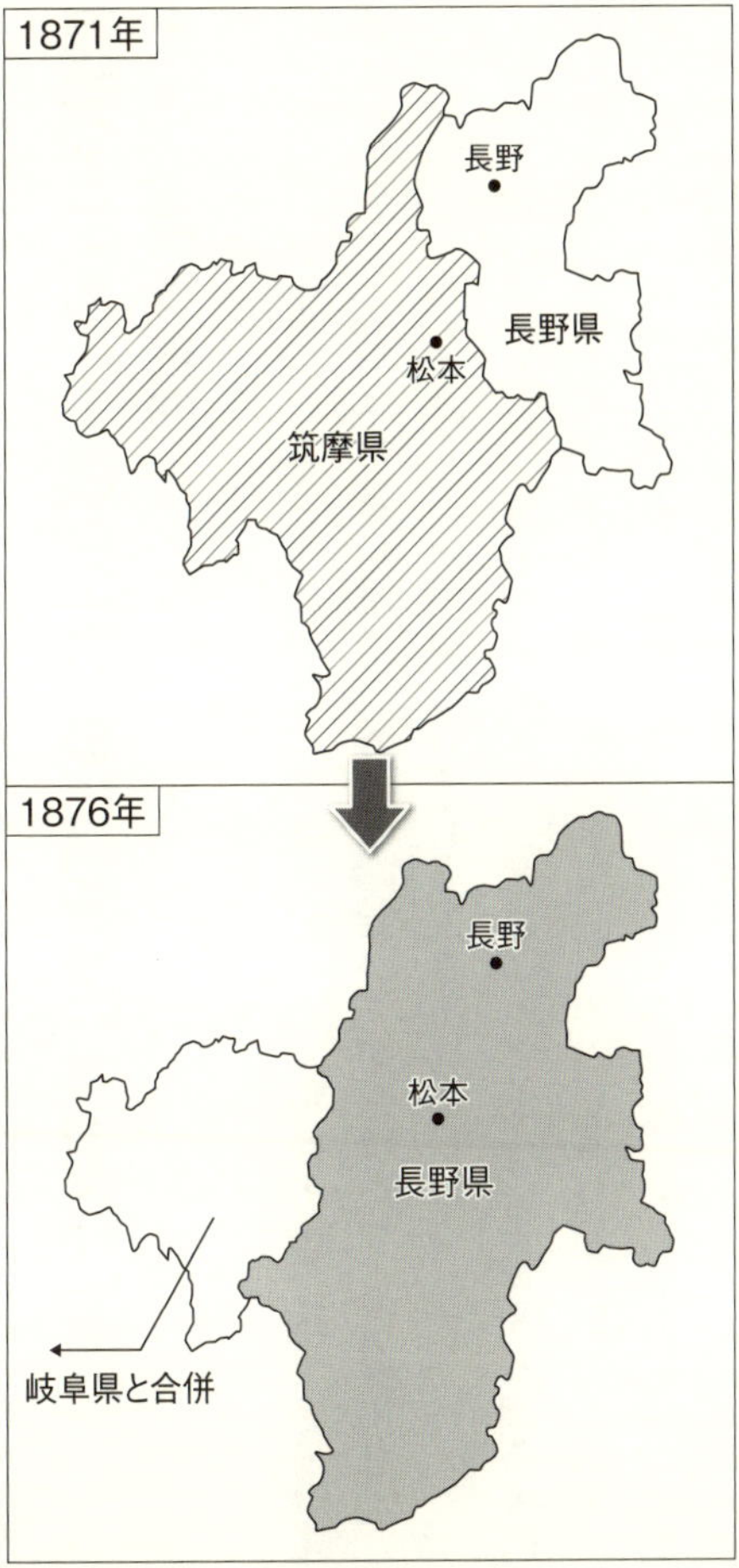
1871年
長野
長野県
松本
筑摩県
1876年
長野
松本
長野県
岐阜県と合併

尾張と三河――隣同士なのに「新進」と「保守」で大きく違う気風

愛知県は織田信長、豊臣秀吉、徳川家康という三大英雄の出身地である。そのため江戸時代の大名の8割ほどは愛知県出身である。だが愛知県はかつては境川を境にして尾張国と三河国に分かれていたため、風土も人心も大きく異なるという。

尾張兵は日本一弱いとされていたが、信長によって能率を重視する機能軍団に変化し、新兵器を導入することで最強の軍団になっていった。信長は古い因習に固まったものは破壊する進取の精神にあふれており、秀吉は信長を真似て、海外のよいものは受け入れる派手好みの性格でもあった。

半面、家康の三河兵は団結力が強く、苦境にも耐える辛抱強い軍団として強力であった。変化を好まず、幕府を開いても三河の土豪時代の組織を流用するなど、安定のためには現状維持が望ましいというような性格である。尾張と三河では正反対だともいえる。

西国大名を牽制するため、家康は京に近い尾張の名古屋に新都市を建造した。その結果、名古屋は現在も大都市であり、東海地方の経済・文化の中心地になった。家康の故郷である三河は譜代大名領と直轄領になり、幕府から保護されたことで家康好みの変化を好まない地域になった。

県外の人が尾張人と三河人を分けて見ることはないだろうが、大都市のない旧三河国住民は、名古屋を代表する旧尾張国の住民から軽く見られているという。天気予報も「尾張地方」と「三河地方」で区別すると怒る人もいるが、それは日本全国の県にあることで、地形・風土が違えば天気予報が違うのは当然である。

第4章

よく考えると不思議がたくさん！「地名」の由来

洗足池——洗うのは日蓮の足だった

東京のJR山手線五反田駅とJR京浜東北線蒲田駅を結ぶ東急池上線に「洗足池」という駅がある。近くに洗足池があることからつけられたものだが、この池は元から「洗足池」という名前だったわけではない。

この一帯はかつて「千束《せんぞく》」と呼ばれ、平安時代末期の文献にもその名が記されている。「千束」という名の由来については、千人の僧を招いて供養を営む法会《ほうえ》「千僧供養」の費用にあてる免田で、千束の稲が貢租（税）から免除されていたとする説や、「大池」（現在の洗足池）が水源地として灌漑に利用されていたので、稲千束分の税が免ぜられていたとする説などがある。

この池に「洗足」という漢字があてられるようになったのは、鎌倉時代、日蓮が身延山から常陸へ湯治に向かう途中、この池で足を洗ったので、それ以来、千束の一部が「洗足」と呼ばれるようになったからだという。

池のほとりに御松庵があり、日蓮が袈裟《けさ》をかけたといわれる「袈裟掛けの松」も残って

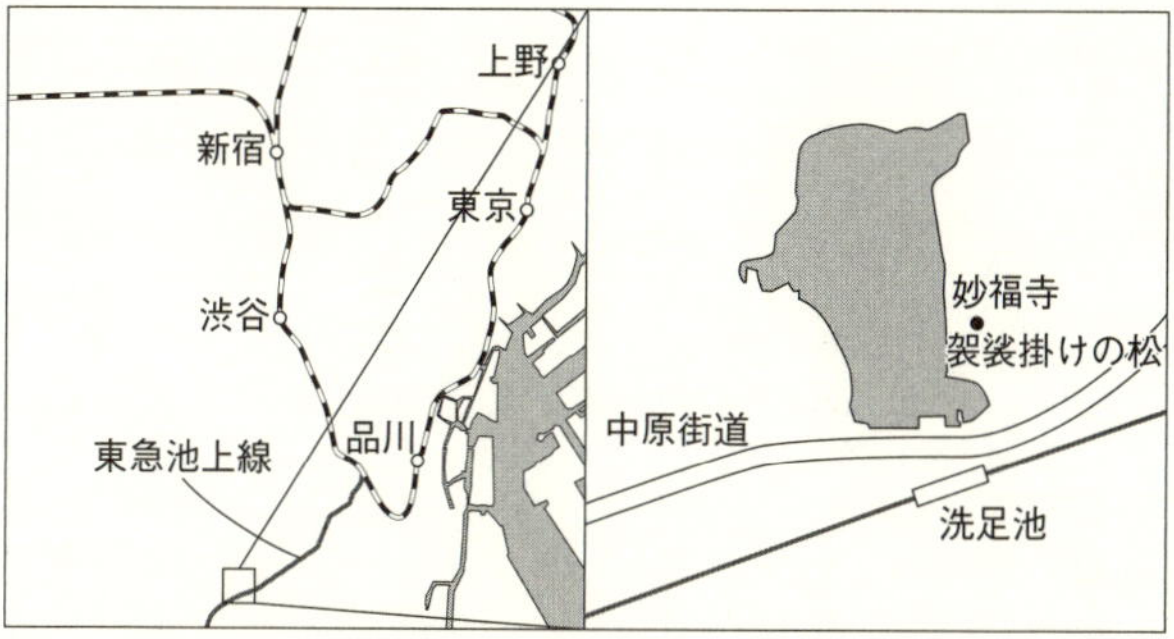

いるが、現在の松は3代目だ。
池の北側の中島には弁才天がまつられている。これは日蓮とは何の関係もなく、創建年代なども不詳。古くから洗足池の守護神としてまつられていた。長年にわたって池中に没してしまっていたが、1934年（昭和9年）、洗足風致協会が厳島神社として建立した。
キリストの弟子が足を洗ったという説もあるが、これはまったくの間違い。現在は神奈川県川崎市にある「洗足学園音楽大学」（前身は目黒区洗足にあった「洗足裁縫女学校」）が、新約聖書ヨハネによる福音書のキリストが弟子の足を洗ってあげたとの記述を校名の由来としているため、これと混同したものと思われる。
洗足池は湧水池で、主要水源となる湧水は4カ所あったというが、現在は「清水窪弁財天」の湧水だけが残っている。この湧水は今も水量が豊富で、浸透管によって洗足池に流れ込んでいる。

洗足池を出た水は洗足流れとなり、最後には呑川へと合流する。かつては農業用水として利用されたが、現在は住民の憩いの場となっているという。

左京区と右京区──「南に向いた天皇」が基準になっている

京都市には北区、上京区、左京区、中京区、東山区、下京区、南区、右京区、西京区、山科区、伏見区の11区がある。地図で見ると左京区が右側にあり、右京区が左側だ。

なぜ、こうなっているのか。

これは古代中国の「天子南面」という考え方が基になっている。

この言葉の出典が『論語』だと書かれることもあるが、実際にはそのような文字はない。『周易』（易經）説卦伝に、「離也者明也。……聖人南面而聽天下。嚮明而治」（離なる者は明なり。……聖人南面して天下に聴き、明に嚮［むか］ひて治む）とあるのが基になり、「天子南面」といわれるようになったようだ。

天子（皇帝、天皇など）が南に面して君臨するのは、不動の存在である北極星を中心に見立てた思想だともいう。

古来、中国では君主は北を背にして南に向かって君臨し、政務を司った。

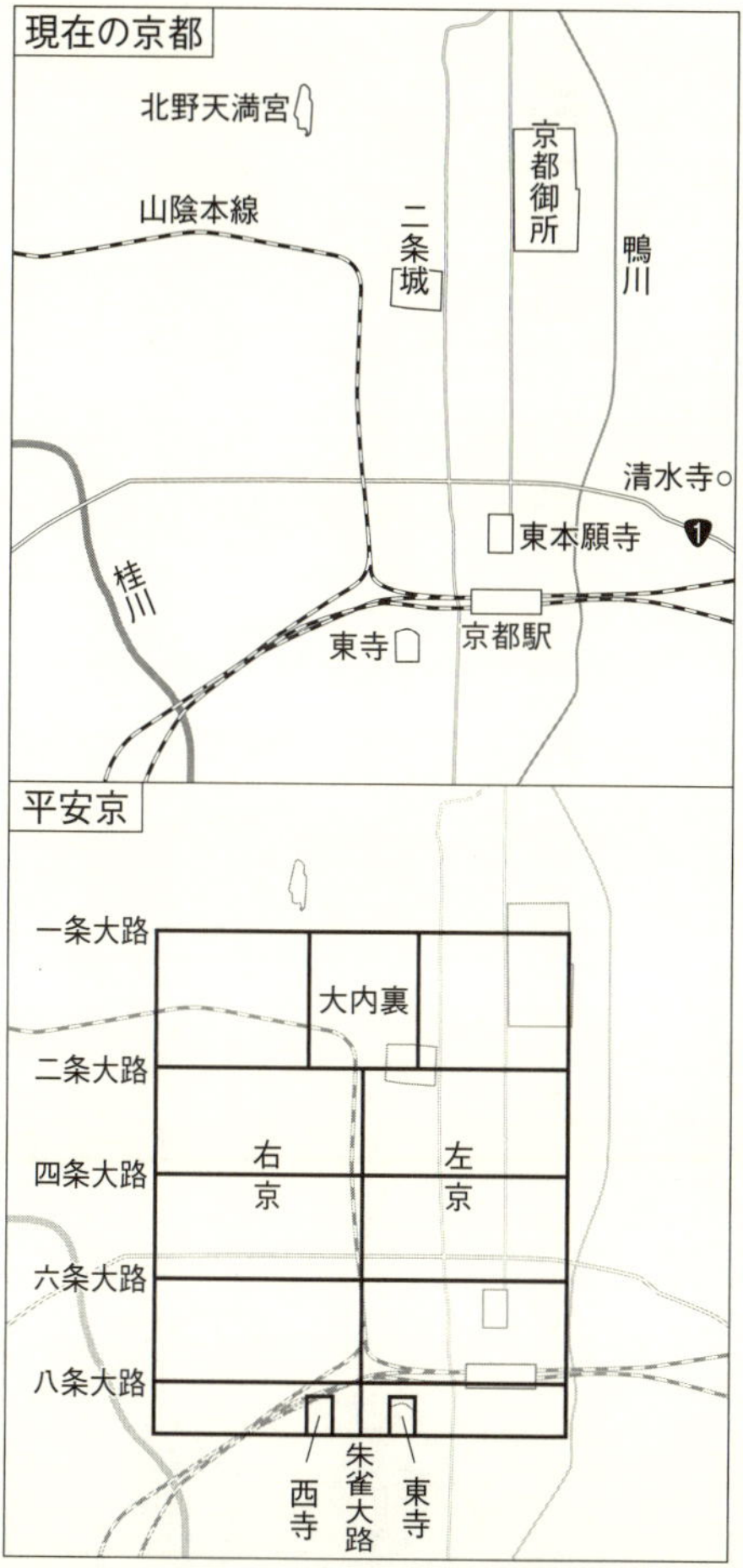

そのため長安など古代中国の王城都市には都の北部中央に王が鎮座する宮城があり、そこから南に向かって区画が広がるという造りになっている。

平安京は中国の都にならって築かれているので、同じように天皇が内裏《だいり》から南に向かって都を見渡した視点を基準に、中央の朱雀大路より左手は左京、右手は右京と呼ばれるようになったのだ。

これが京都市の区名にも引き継がれ、地図では右側が左京区、左が右京区となっている。

上越と下越——京都から見たときの「上」と「下」

今の福井県敦賀市から山形県庄内地方の一帯は、大化の改新（645年）以前は「高志《こしの》国《くに》」と呼ばれていた。

「高志」が「越」になったのは、後に分割されて越後国、越中国、能登国、加賀国、越前国となってからのことだ。

701年（大宝1年）に大宝律令が制定され、704年（大宝4年）に国印が鋳造されたときから「越」の字が使われるようになった。

律令制定を命ずる詔を発令した天武天皇が「越の国」を三つに分け、越前（福井県北部）、越中（富山県）、越後（新潟県）が誕生したと書かれることもある。

越国の範囲は、敦賀の氣比《けひ》神宮から船出して日本海を北上し、羽咋《はくい》の気多《けた》大社を経て、弥彦神社がある弥彦山を右手に見るまでとなっている。北の境界があいまいだが、ここは蝦夷への侵略の最前線となる辺境の地だった。

このうち越後は「上越後」「下越後」と区分けして呼ばれていたが、のちに「後」が省略されて「上越」「中越」「下越」となった。

現在の新潟県は上越、中越、下越の3地域と島しょ部の佐渡に分かれているが、上越は県の南西側、下越は県の北東側にある。

地図で見ると「上越」より「下越」が上にあるわけだ。どうしてこうなったのか？

これも前項の「左京・右京」と同様で、「越国」が分割されたとき、天皇のいる都に近い順に「越前（現在の福井・石川）」「越中（現在の富山）」「越後（現在の新潟）」となったためだ。

越後をさらに分割する際にも、都に近い地域が「上越」となり、次の地域が「中越」、最も遠い地域が「下越」となっている。

現在でも、子ども向けのクイズで「日本で一番高い駅はどこか」という問いに対して、答えは「東京駅」という問題がある。理由は、東京駅に向かう列車はすべて「上り」で、東京駅から出る列車は「下り」だから。

都に近いほうを「上」とする考え方は、こんなところにも残っているのだ。

東京「六本木」の語源は六軒の大名屋敷から？

江戸っ子の洒落《しゃれ》好きは地名にも表れている。

現在の東京都中央区の日本橋川に架かる橋を「一石橋《いっこくばし》」というが、橋の北詰に幕府金座御用の後藤庄三郎家があり、南詰には呉服御用の後藤縫殿助《ぬいのすけ》家があった。そのため「五《ご》斗《と》」と「五斗」で一石という洒落で、それが橋の名になったと伝わっている。

現在の「六本木」は、戦後に外国人向けの歓楽街としてナイトクラブなどが多数できて発展し、六本木ヒルズなどのオフィス街でもあるものの、飲食街として深夜まで賑わう街となっている。

だが、六本木が街になったのは江戸時代からで、寛永年間（１６２４～４４年）、閑散として寂しい地に二代将軍秀忠夫人の葬儀に功績があった僧侶たちがこの地に寺を建て、門前町となったことから始まっている。

この地がなぜ六本木と呼ばれるようになったのかについては、江戸時代に「六方庵」という屋敷があり、その庭に６本の松があったからだとする説がある。目印になる木が土地の名になったという由来は日本各地にあるが、洒落好きの江戸の地名らしくない。

もう一つの説に、この地に大名の中屋敷が営まれ屋敷街になっていったが、その大名家は出羽米沢の上杉家、丹波福知山の朽木《くつき》家、摂津麻田の青木家、大和小泉の片桐家、河内丹南《たんなん》の高木家、播州小野の一柳家の６家であった。

偶然にも、この６家は「木」にちなんだ家名だったということで、江戸っ子は「六本木」

と洒落た地名をつけたというのだ。こちらのほうがしっくりくるのではないだろうか。

県庁所在地は「福岡市」、新幹線の駅は「博多駅」のナゾ

おそらくはつくり話だと思われるが、福岡市に行こうとした外国人旅行者が「福岡駅」行きのチケットを購入したため、富山県にある「あいの風とやま鉄道」の福岡駅に行ってしまったという話がある。この鉄道はかつてJR北陸本線の一部だったが、北陸新幹線の開通にともないJRから分離した路線で、福岡県福岡市とは遠く離れている。

福岡市にあるターミナル駅は、いうまでもなく「博多駅」だ。

では、どうして福岡市にあるのに「博多駅」なのか。

この地は昔から貿易で栄え、商人の町「博多」として発展を遂げてきた。〝博多美人〟〝博多織〟という言葉があるように、「博多」の地名は定着していた。

ここに「福岡」の名をつけたのは、1601年（慶長6年）にこの地の領主となった黒田長政（黒田官兵衛の息子）だ。長政は古代の海外交易施設である鴻臚館《こうろかん》があった土地に

城を築き、その周辺に城下町ができた。町の名は黒田氏の父祖の地、備前福岡（現在の岡山県瀬戸内市長船町福岡）にちなんで「福岡」とされた。

明治維新ののち、廃藩置県（1871年〈明治4年〉）で福岡藩は福岡県となり、翌1872年、県は32区に分けられて城下町福岡は第一区、町人町博多は第二区とされた。

やがて1889年（明治22年）に大日本帝国憲法が発布され、「市制及び町村制」の公布によって市制が施行されることになった。このとき市名を「博多市」とするか、「福岡市」とするか、博多と福岡の間で大論争が起こった。

この時点で、人口は博多の2万5677人に対して福岡は2万410人で、博多のほうが多かった。ほかに東中洲など4つの字に1530人いた。もし住民投票によって決めていたら、間違いなく「博多市」が誕生していたはずだ。

議論はまとまらず翌年3月、県令によって博多と福岡をまとめて一つの市として発足させることになった。市名は「福岡」となり、議場は東中洲の「共進会館」に置かれた。

このとき県は議論の決着を図るために、仲裁案として同年に開通することになった九州鉄道の駅名を「博多駅」とすることを提案した。

こうして議論はいったん収まったが、駅名による決着に納得がいかない博多側の議員もいて、翌1890年に市名を「博多市」と改名する案を提出した。このとき議員数は博多側が17人(出席議員は15人)、福岡側は13人(うち1人は議長)だったが、妨害工作もあって票は13対13の同数に割れた。旧福岡藩士だった不破国雄議長も議長席を降りて1議員として投票したが、再び13対13となり決着がつかない。

　最終的には不破議長に代わって議長席に着いた議長代理者が「変更せず」と宣言し、「博多市」案は否決された。

　もし妨害工作がなければ、われわれは「博多市」の方を記憶にとどめているに違いない。

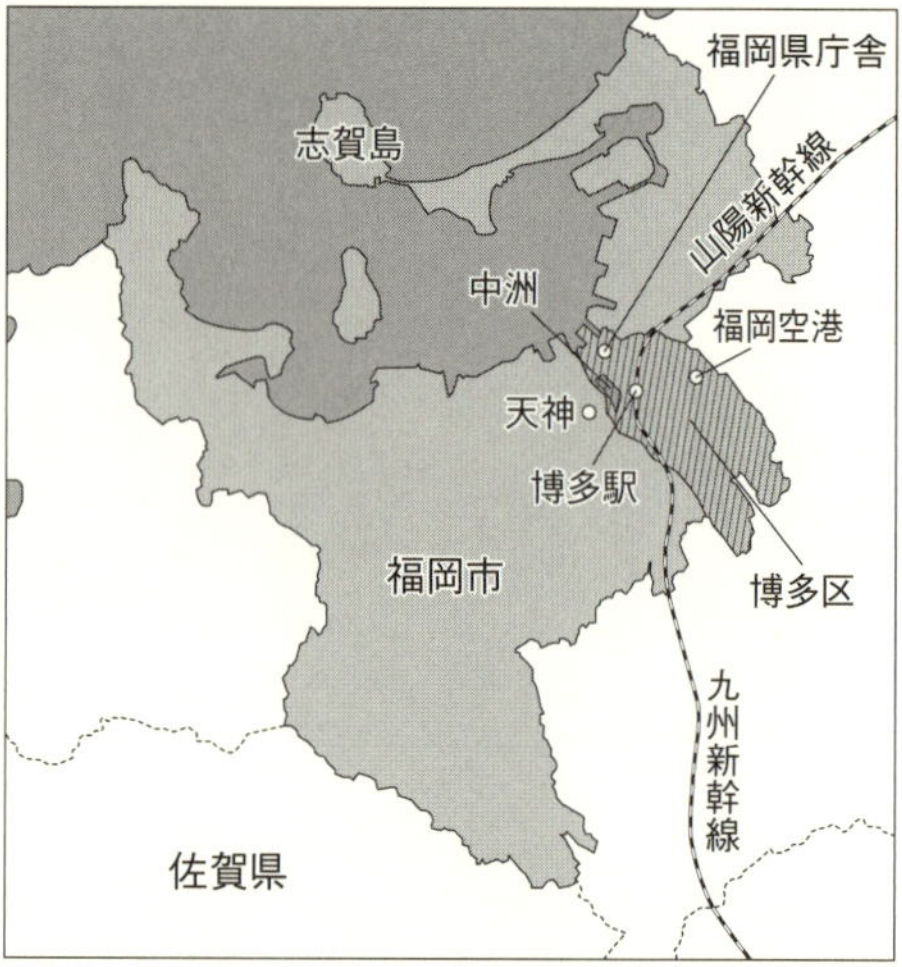

島が八つで「伊豆七島」なのはどうしてか

最近、天気予報やニュースでは「伊豆諸島」といわれていて、「伊豆七島」ではなくなっている。しかし、観光案内などでは「伊豆七島」の呼び名が使われている。

ところが、実際には伊豆諸島には伊豆大島、利島、新島、式根島、神津島、三宅島、御蔵島、八丈島という八つの島があり、さらに青ヶ島と、昭和40年代に無人島となった八丈小島、鵜渡根《うとね》島などの無人島もある。「伊豆七島」というのは、江戸時代に伊豆諸島の主な有人島が式根島を除く七島だったからだ。

確たる証拠はないが、言い伝えによると元禄時代まで新島と式根島は歩いて渡れる程度の深さでつながっていたが、1703年（元禄16年）午前2時ごろ関東地方を襲った元禄地震によって切り離され、八島になってしまったという。

元禄地震のマグニチュードは7・9～8・5と推定されており、このときの地殻変動は1923年（大正12年）の関東大震災より大きかった。震源地にあたる南房総では、海底平面が隆起して段丘をつくり、沖合の小島だった野島岬は地続きの岬になったという。

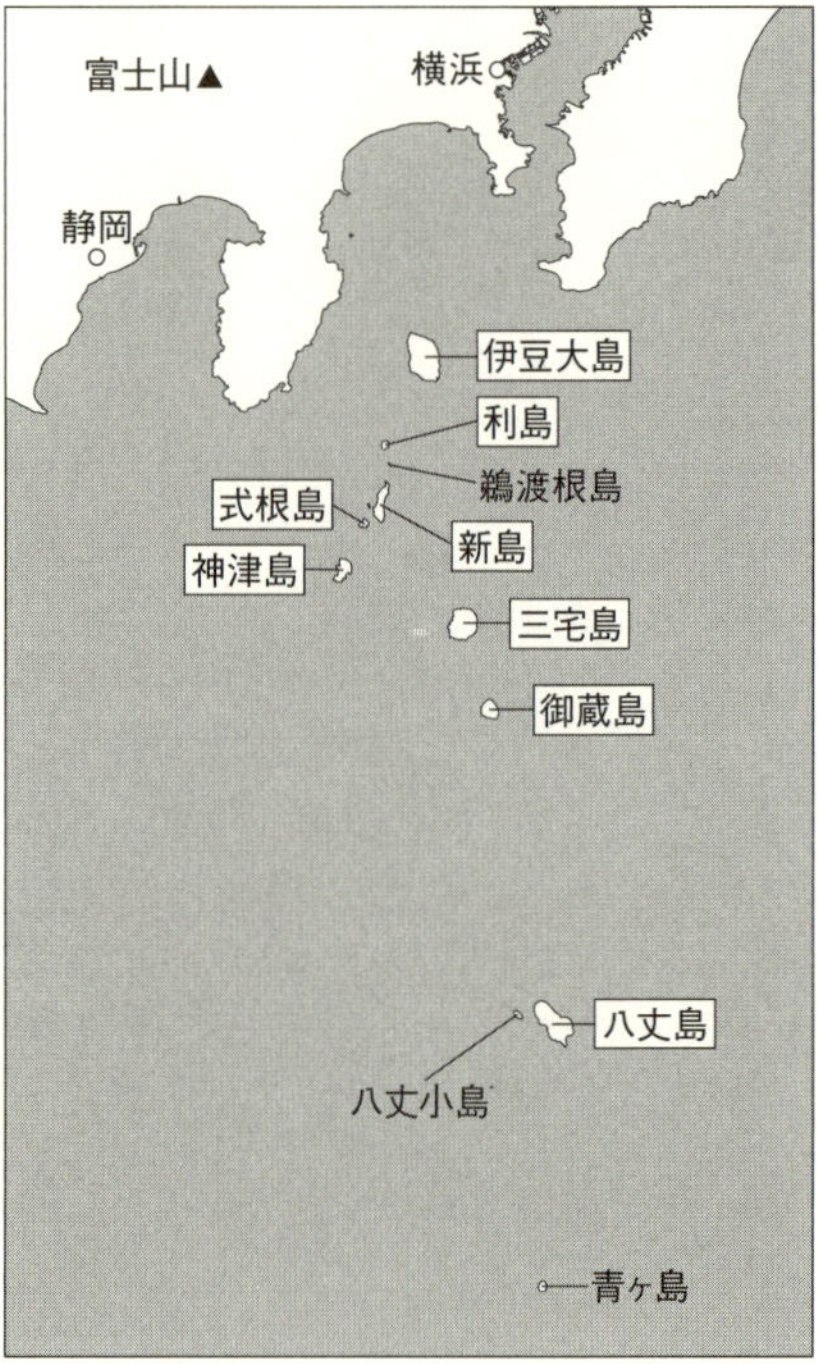

島が二つに割れてもおかしくないほどの地震ではあったが、元禄地震の被害について記された文献に伊豆七島について記したものはない。

新島村が編纂した「新島村史通史編」(1996年)によれば、新島と式根島が陸続きであったとする文書が現れたのは明治10年になってからだった。このころ、式根島の払い下げ願いを太政官へ提出した企業家が出てきたため、これを知った新島が危機感を持って対抗策を検討した。両島陸続き説はこのころ浮上したもので、創作という可能性も大いにある。

明治になって「箱館」が「函館」に改称された理由

北海道第三の都市函館市には絶景ポイントが多く、歴史的な見どころも多い観光都市だ。毎年500万人近い観光客が訪れ、市町村の魅力度ランキング調査で1位になっている。

この函館、かつては箱館戦争、箱館奉行所、箱館裁判所、箱館県、箱館府「箱館」などというように「箱館」と表記されていた。

この地はアイヌ語で「ウスケシ」（入江の端）とか「ウショロケシ」（湾内の端）と呼ばれる漁村で、「宇須岸」、「臼岸」などの字が当てられていた。室町時代の1454年（享徳3年）に津軽の豪族、河野政通が現在の函館山の北斜面に館を築き、この館が箱に似ていたため「箱館」と呼ばれるようになったという。

1868年（明治元年）、蝦夷地統治のために箱館府が設置され、これはやがて箱館県に改称されて開拓使が設置されるまで続いた。

開拓使出張所の「開拓使事業報告」には、「明治二年本出張所を置き箱館を函館と改む」と記されている。

これによれば、蝦夷地が北海道となった1869年（明治2年）に「函館」と改称したことになる。『函館区史』には「九月三十日開拓使出張所を函館に置く、箱館の字を函館に改めたるは此時なり」と書かれている。

この出張所は、1871年（明治4年）に函館出張開拓使庁と改称され、1882年（明治15年）、廃藩置県ならぬ廃使置県によって函館県が誕生した。

しかし、しばらくの間は「箱館」と「函館」は混用されていた。地元住民はもちろん、中央官庁の公文書でも「箱館」と書かれたりしている。

だが、なぜ「箱」が「函」に変更されたかという理由はどこにも書かれていない。

一説によると、箱館戦争の直後なので、フタと本体が分離する「箱」という文字を嫌ったのではないかという。地名表記を変えることで役所は仕事をした気になったりするので、文字の変更にそれほど深い意味はないのかもしれない。

「修善寺」と「修禅寺」、「由布院」と「湯布院」は何が違う？

伊豆半島の中央北部にある修善寺は伊豆最古の温泉場だ。空海（弘法大師）が開山したと伝えられる修禅寺があり、街を流れる桂川沿いには竹林の小径《こみち》や朱塗りの橋があって、〝伊豆の小京都〟と呼ばれる観光地でもある。

修禅寺の正式な呼称は、公式ホームページによれば「福地山修禅萬安禅寺《ふくちざんしゅぜんばんなんぜんじ》」、略して福地山修禅寺という。

創建は807年（大同2年）で、当時は周辺の地名が桂谷であったことから、「桂谷山寺」と呼ばれていたが、やがて「修善寺」となった。その後、約470年間は真言宗に属していたが、鎌倉時代の建長年間（1249～1255年）に、中国の蘭渓道隆《らんけいどうりゅう》が入山した際、臨済宗に改宗した。道隆は元の密偵と疑われ、避難のためにやってきたともいわれる。

「修善寺」は禅宗に改宗してから「善」を「禅」に変更して「修禅寺」となった。どちらも「しゅぜんじ」と読む（寺名は「しゅうぜんじ」、地名は「しゅぜんじ」という説は誤り）。

臨済時代が二百数十年続いたあと寺は荒廃していたが、室町時代（1489年）に北条早雲が叔父の隆渓繁紹《りゅうけいはんじょう》を遠州の石雲院から招き、曹洞宗の寺院として再興させた。地名の「修善寺」は修禅寺の昔の名前をそのまま使っているというわけだ。

同じ場所、同じ読みでありながら、文字が違うところが大分県にもある。

人気の温泉地という点でも同じ「由布院」と「湯布院」だ。高速道路のインターチェンジは「湯布院」、JRの駅は「由布院」と表記されている。これはどう違うのだろうか。

歴史をたどると、1936年（昭和11年）に北由布村と南由布村が合併して由布院村となり、1948年（昭和23年）に町制施行によって由布院町となった。1955年（昭和30年）、由布院町と湯平村が合併して湯布院町となった。

つまり、由布院という地名は1936年からあったが、湯布院という地名は1955年に新しくできたものなのだ。

ところが2005年（平成17年）、湯布院町は近隣の挾間町、庄内町と合併して由布市が誕生したため、自治体としては消滅してしまった。

地名としては、由布院駅も湯布院ICもそのまま残っているし、由布院温泉にある旅館などの住所も「大分県由布市湯布院町川南」などとなっている。少しややこしいが、現地の人からすれば、それほど違和感はないのだろう。

そっくり地名はこんなにややこしい！

佐田岬《さだみさき》は、愛媛県佐田岬半島先端にある四国最西端の岬で、佐多岬《さたみさき》は九州本島最南端の岬だ。「さだ」と「さた」で字や読みが似ているため、間違えられることがよくある。秋田県の日本海側に突き出た男鹿《おが》半島と、宮城県の牡鹿《おしか》半島も、ともに「オスのシカ」であるため混同されやすい。

このように、日本には似たような地名がたくさんあってややこしい。混同を避けるため、自治省では市の名前は同じものにしないよう通達を出しているが、例外が二つある。「府中市」と「伊達市」だ。

東京都と広島県に、文字も読みも同じ「府中市」がある。市制施行は広島県の府中市が1954年（昭和29年）3月31日、東京都の府中市が同年4月1日で、市制施行時期がほとんど同じだったため、自治省が申請を調整しきれなかったのだという。

伊達市は北海道と福島県にある。北海道の伊達市が市制施行したのは1972年（昭和47年）、2番目の伊達市が福島県に誕生したのは2006年（平成18年）1月1日だ。住民の強い要望により、総務省や北海道伊達市と調整して同一名の伊達市が実現した。

読み方は同じでも字を変えたのは茨城県鹿嶋市。1995年（平成7年）に大野村と合併した際、すでに佐賀県に鹿島市があったことから鹿嶋市として市制施行した。

書き方は違うが、読み方が同じという市はたくさんある。

宮城県の仙台市と鹿児島県の川内市は、ともに「せんだいし」だったが、鹿児島県の方は新設合併により「薩摩川内市」となった。

秋田県の本荘市と埼玉県本庄市は、ともに「ほんじょうし」だったが、秋田県本荘市は新設合併により「由利本荘市」となった。

鹿児島県の出水市と大阪府の和泉市は、どちらも「いずみし」と読む。かつて宮城県にあった泉市も「いずみし」だったが、1971年（昭和46年）、仙台市に編入された。

書き方は違うが、読み方は同じ市になると8例もある。
・茨城県古河市と福岡県古賀市＝「こがし」
・山形県山形市と岐阜県山県市＝「やまがたし」
・愛知県津島市と長崎県対馬市＝「つしまし」
・千葉県佐倉市と栃木県さくら市＝「さくらし」

・山梨県北杜市と北海道北斗市＝「ほくとし」
・愛知県江南市と高知県香南市＝「こうなんし」
・広島県三次市と徳島県三好市と愛知県みよし市＝「みよしし」
・大阪府堺市と福井県坂井市＝「さかいし」
地名は時代により変わるものなので、今後増減する可能性がある。

秋葉原は「あきはばら」か「あきばはら」か

「火事と喧嘩は江戸の華」といわれるほど江戸は火事が多かった。1601年（慶長6年）から1867年（慶応3年）までの267年間に大火が49回も発生し、それ以外の火事も含めれば、記録されたものだけでも1798回に達する。

火除け、火伏せの神とされる秋葉信仰が流行したのも当然だった。全国的に広まったのは第五代将軍徳川綱吉の治世のころからといわれるが、そのころから現在の秋葉原に秋葉神社があったわけではない。

秋葉原に神社ができたのは明治になってからだ。1870年、前年暮れに神田相生町で発生した大火事をきっかけとして、明治天皇の勅命により皇居内の紅葉山から鎮火三神（火の神である火産霊大神《ほむすびのおおかみ》、水の神である水波能売神《みづはのめかみ》、土の神である埴山毘売神《はにやまひめのかみ》）を勧請（神仏の来臨を祈り願うこと）して創建された。

当初の名は鎮火社といい、秋葉大権現と直接の関係はなかったが、人々は秋葉大権現が勧請されたものと思い、この社を「秋葉様」「秋葉さん」と呼ぶようになった。秋葉大権現の本来の読みは「あきは」だが、東京の下町なまりで「あきば」となり、火除けのために設けられた周辺の空き地は「秋葉の原（あきばのはら）」とか「秋葉っ原（あきばっぱら）」と呼ばれた。

この地に鉄道の駅ができたのは1890年（明治23年）になってから。貨物専用駅として開業し、「秋葉原駅《あきはのはらえき》」と呼ばれていた。やがて駅の呼称は「あきはばら」に変わり、1907年（明治44年）に「あきはばら」へと変更された。

駅ができると秋葉の原は払い下げられ、それにともなって神社は東京都台東区松が谷に移転。1930年（昭和5年）に「秋葉神社」と改名された。

地名の読みも「あきはばら」となり、1964年（昭和39年）10月1日の住居表示施行時に「台東区松永町」、「台東区練塀町」から「台東区秋葉原」に変更された。

つまり、地名の基となった秋葉神社の読みからすれば「あきはばら」で「あきば」は下町訛りなのだが、いまやカタカナの「アキバ」がメイドカフェや「ＡＫＢ」などカルチャーの発信地となり、「オタクの聖地」として世界的に名を知られるようになっている。秋葉大権現も、さぞや驚かれていることだろう。

日本の地名で一番多いのは「中村」？「新田」？

国土地理院の２万５千分の１地形図に掲載された地名は約57万に上る。これを数値化したデータが「数値地図２５０００（地名・公共施設）」として財団法人日本地図センターから発売されており、地名に関するさまざまな情報が網羅されている。

それで検索してみると、日本の地名で一番多いのは「中村《なかむら》」で６９８カ所もある。57万のうち６９８でトップというのはちょっと意外な気もするが、それだけ日本の地名がバラエティに富んでいるということだろう。

「中村」という地名の起こりは古く、中世ごろから〝村落の中心地〟という意味で使われるようになったという。大きな村にも小さな村にも中心はあるので、この地名は日本中で使われている。

二番目に多いのは「新田」で、「しんでん」と「にった」を合わせて670カ所ある。開墾や埋め立てによってできた田畑を新田と呼んだことに由来する場合が多いため、ほとんどが「しんでん」と読み、「にった」と読む例は少ない。

三番目に多いのは「原」で、「はら」「はる」「ばる」などと読まれ569カ所ある。文字通り野原などの広い土地につけられた地名で、なぜか静岡県以西に多いという。

四番目は「本町」で、「ほんちょう」「ほんまち」「もとまち」など434カ所ある。「中村」と同じく地域の中心を表す地名だが、町が二つに分かれた場合に主要な場所であることを表す意味もあるため、地域の細分化が進むにつれて本町も増えていった。

五番目は「本郷」で、これに「ほんごう」以外の読み方はなく415カ所ある。

これも集落の単位として使われていた「郷」に由来する。中世初期に荘園ができたころ、荘園の中心を「本郷」というようになり、近世以降全国に広まった地名だ。

地名には、地形ゆかりの地名、人名ゆかりの地名、説話ゆかりの地名など、地名となるべくしてなったさまざまな理由があるが、一位から五位までを見ると、暮らしの中心を表すものが地名として多く残っていったことがわかる。

「日本国」という名前の山があるって本当？

グーグルマップで「日本国」と検索すると、当然のことながら日本全体の地図しか出ない。ところが「日本国山」で検索すると、新潟県村上市と山形県鶴岡市の境に「日本国」と標示された山が現れる。山小屋の所在地は「山形県鶴岡市小名部日本国」となっており、郵便番号は「999-7125」だ。新潟県村上市小俣には「日本国麓郵便局」があって、こちらの郵便番号は「959-3914」となっている。つまり、「日本国」という名前の山は間違いなく存在するのだ。

読み方は「にほんこく」「にほんごく」「にっぽんこく」「にっぽんごく」と4通りもあるが、「日本国麓郵便局」の読みは「にほんこくふもとゆうびんきょく」だ。

別名を石鉢《いまくさ》山といい、国土地理院の地図にも載っている。

標高は555・4メートルと高い山ではないが、日本海に近いため、昔から漁師が船を帰港させる際の目印になってきたという。山頂には休憩舎や記帳場、大きな広場などがあり、展望台からは西に日本海の粟島や佐渡ヶ島、北には鳥海山、東には月山や朝日連峰を見渡すことができるので登山客も多い。

「日本国」という壮大な名前の由来については諸説ある。

7世紀後半、阿倍比羅夫率いる大和朝廷軍が東北地方の蝦夷と戦い続けてこの山に到達し、大和朝廷の支配圏であることを示すため「日本国」と命名したという説。

この山で捕らえた鷹を将軍（徳川家光とされる）に献上したところ、将軍はその鷹を大いに気に入って、鷹がいた山を「日本国」と名づけるよう命じたという説。

飛鳥時代、朝廷に追われた蜂子皇子《はちこのおうじ》が「上隠し小屋」（現在の日本国）に隠れ住んだからという説。

いずれにしても、明治以前から「日本国」と呼ばれる山だったことはたしかだ。

少し前までは毎年の山開きイベントの際、登頂者に「日本国征服証明書」を発行していた。ところが2013年に「不謹慎だ」という声が出たので、「日本国登頂証明書」へ変更してしまったという。味気ない世の中になったものだ。

東京に「戸」のつく地名が多いことには意味がある

東京の下町には青戸（葛飾区）、奥戸（葛飾区）、亀戸（江東区）、今戸、花川戸（台東区）など「戸」のつく地名が多くある。もちろん江戸にも「戸」がついている。

1956年（昭和31年）に東京都が発行した『江戸の発達』には、「川や海に臨んだ所には戸のつく地名が多く、水戸、平戸、今戸、花川戸など皆それで、江戸も江の門戸の意味であろう」と書かれている。中世における東京下町地域の地名を見ても、「戸」のつく地名が河川や河口付近にあることがわかる。

そもそも「江戸」という地名は江戸時代以前から存在していた。「江戸」という地名が文献に初めて出てくるのは1261年（弘長元年）の「平長重寄進状」で、「武蔵国豊嶋郡江戸郷之内前嶋村」とある。このことから地名の発祥は鎌倉以前とわかる。

武蔵国秩父郡を本拠とした秩父氏の初代は平安時代後期（12世紀前期）の秩父重継で、重継が武蔵国豊嶋郡江戸郷を相続し、「江戸四郎」と称したのが江戸氏のはじまりだ。まず「江戸郷」という地名があり、氏族名は地名に由来していることがわかる。

ちなみに、「戸」という地名は中世の段階では「津」と記されていた。

現在の葛飾区奥戸はここを本貫地とする武士の名が奥津氏で、やがて「奥津」から「奥戸」へと転訛したものだ。現在の江東区亀戸も、かつて「亀津（村）」と表記されていたし、葛飾区青戸も「本土寺過去帳」には「葛西青津」と記されており、台東区今戸も「小田原衆所領役帳」では「今津」と記されている。

さらに「戸」は「渡」にも通じ、対岸へ渡るところの意味もあった。地名に「戸」のつくところは水上交通の要衝で、経済活動の中心地だったのだ。

信濃国を流れていないのになぜ信濃川というのか

信濃川といえば「信濃（長野県）を流れる日本で一番長い川」だと思われがちだが、信濃川は長野県を流れていない。これはクイズのひっかけ問題みたいなもので、新潟県域では信濃川と呼ばれているが、上流の長野県では千曲川と呼ばれているからだ。

信濃川が日本で一番長いのは、河川法で千曲川と信濃川を合わせた信濃川水系の本流を信濃川と規定しているからである。信濃川と呼ばれている部分だけだと153キロメートルしかない。214キロメートルの千曲川を足すと、全長367キロメートルで日本一になるというわけだ。

日本で2番目に長い利根川は全長322キロメートルなので、それより45キロメートル長い。ただし、利根川は流域面積が1万6840平方キロメートルで日本最大。信濃川の流域面積は1万1900平方キロメートルで第3位だ。

千曲川と支流の犀川《さいがわ》が合流する川中島（現在の長野県長野市南郊）で、甲斐国（現在の山梨県）の武田信玄（武田晴信）と越後国（現在の新潟県）の上杉謙信（長尾景虎）が戦

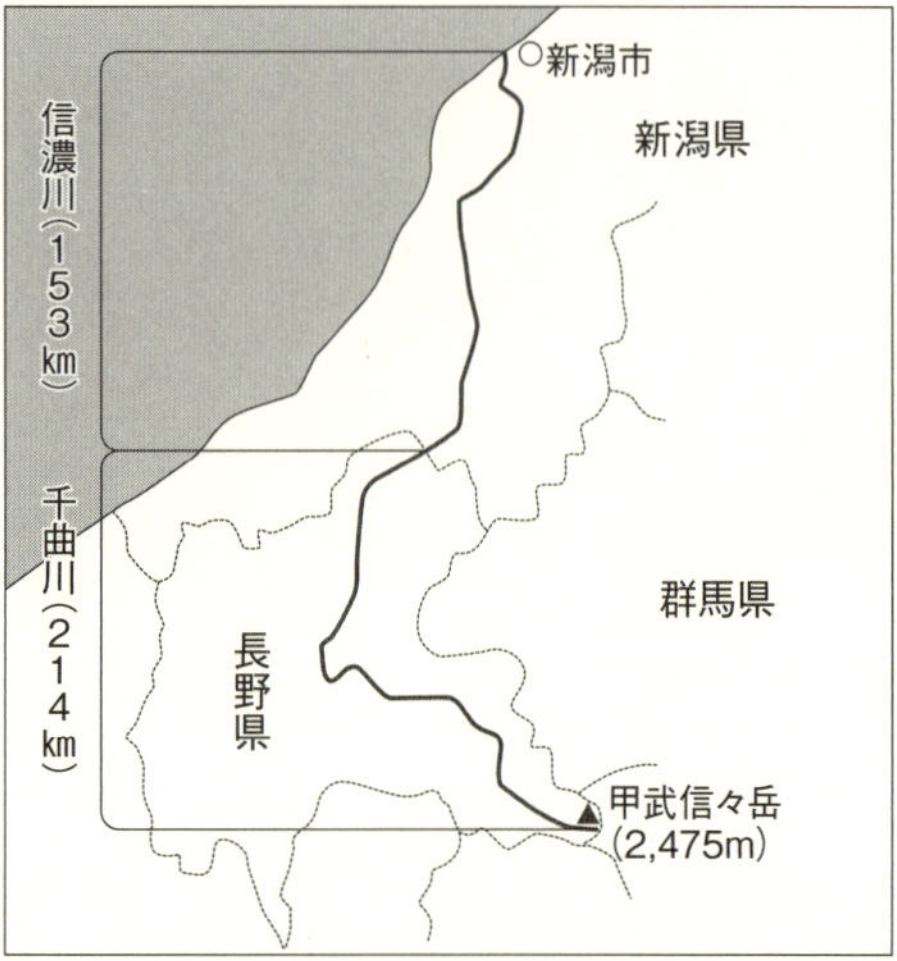

った「川中島の戦い」は古くから知られている。

信濃川の水源は埼玉県、長野県、山梨県にまたがってそびえる甲武信ヶ岳にある。この山の西側から湧き出た源流が、長野県から新潟県を通り、新潟港の河口に注いでいる。

では、なぜ信濃国で千曲川と呼ばれていた川が越後国（新潟県）に入ってから越後川ではなく信濃川になるのか。これは、川の名前をつけるときに上流にある地域の名をつけることが多かったからだ。

豊田市トヨタ町に池田市ダイハツ町。カタカナ町名はいくつある？

日本には企業の名を冠した町がいくつかある。

トヨタ自動車株式会社の本社は、「〒471-8571 愛知県豊田市トヨタ町1番地」にある。この町は愛知県豊田市南西部にあり、土地の大部分がトヨタ自動車本社工場の敷地で占められている。住民基本台帳に登録されている人口は744人（2013年10月時点）で、ほとんどはトヨタの敷地内にある社員寮の居住者だという。

トヨタ町がある豊田市は江戸時代に挙母《ころも》藩があったところで、1951年（昭和26年）の市制施行時には挙母市と命名された。しかし、「読みにくい」とか、「長野県の小諸と間違えやすい」などという指摘があったため、1959年（昭和34年）になって「豊田市」に改称した。

この時、トヨタ自動車の本社工場がある長興寺、下市場のそれぞれ一部が分割されて、「トヨタ町」が誕生した。

大阪府池田市のダイハツ町も、自動車メーカーのダイハツ工業株式会社に由来する地名だ。ダイハツの創業は110年以上前の1907年（明治40年）で、量産車メーカーとして日本で最も長い歴史を持つ。

当時の社名は「発動機製造株式会社」だったが、社名に「発動機」をつけたメーカーが増えたため、顧客が「大阪の発動機」と呼ぶようになり、略して「大発」となった。

本社を池田市に移転したのは1965年（昭和40年）。当時は神田町にある荒地だったという。ダイハツが工場を建てた翌年12月、神田町からダイハツ町に名称変更された。

さらに、群馬県太田市には「スバル町」がある。

富士重工業（現・スバル）群馬製作所の敷地全体が「スバル町」で、2001（平成13）年10月1日、「東本町」から「スバル町」に改称された。改称されたのは工場の敷地だけで、住民は一人もいない。

他にも山陽国策パルプ（現：日本製紙）に由来する旭川市パルプ町、ニッカウヰスキーに由来する仙台市青葉区ニッカ、小野田セメント（現：太平洋セメント）に由来する山陽小野田市セメント町など、カタカナ表記のいわゆる「企業城下町」が全国にある。

わが社の名を町名にしたいと、ひそかに考えている社長もいるかもしれない。

「岩手」という県名の意外な由来

岩手県は伝説の宝庫だ。日本の民俗学の先駆となった柳田国男の『遠野物語』や、宮沢賢治の童話が生まれたのも、岩手県に伝わる数々の伝説があったからである。

江戸時代、伊達藩の北部と南部藩の南東部で構成されていたこの地域は、明治になって「岩手県」と命名される。県庁の置かれた盛岡市が岩手郡にあったからだ。

文献に「岩手」の名が登場するのは平安時代に成立した「大和物語」が最初とされ、そこには「陸奥の国磐手の郡」と書かれている。

磐手から献上された鷹が世にも稀なほど賢かったので、帝はこのうえなく大切にして、鷹の名を「磐手」と名づけた。帝は磐手を鷹の扱いに慣れた大納言に預けたが、なんとしたことか大納言がうっかりして逃がしてしまった。

帝は磐手を失った悲しみを、「いはでおもふぞいふにまされる」とおっしゃった。「磐手＝言はで」にかけ、「言わないことが言うことより気持ちが勝る」ということだ。

後の人はこの言葉に上の句をいろいろつけたが、帝がおっしゃったのは下の句だけである、と「大和物語」は記している。

また、なぜ「岩手」という地名になったのかについては、盛岡市名須川町の三ツ石神社にまつわる伝説がある。

盛岡市三ツ割の東顕寺に、岩手山が噴火した時に飛んできたといわれる三つの大石があり、里人は「三ツ石さま」と呼んで信仰していた。

ところが、羅刹鬼《らせつき》という鬼が現れて里人や旅人を苦しめたので、里人は三ツ石の神に鬼退治をお願いした。三ツ石さまはすぐに羅刹鬼を三つの大石に縛りつけてしまった。羅刹鬼が「もう二度と悪さはしませんから許してください」と言うと、三ツ石さまは「それなら約束の手形をつけよ」と言った。羅刹鬼は三ツ石さまに手形を押して逃げて行った。それ以来、この地を「岩手」と呼ぶようになったという。

三ツ石神社には、高さ約6メートルの岩が二つと、それよりやや小ぶりの岩が並んでおり、その表面にコケの生えていない部分がある。それが大きな手形状をしていることから、「鬼の手形石」と呼ばれ、いまも雨上がりの日など「鬼の手形」らしきものが石の上に見えるという。

なぜ「常陸」と書いて「ひたち」と読むのか

最近では「ひたち」と平仮名で書かれることも多い茨城県の旧国名「常陸」だが、関東以外に住む人たちにとっては、難読地名の一つであるらしい。たしかに「常陸」と書いて「ひたち」と読ませるのには無理があるかもしれない。

なぜこう読むことになったのかについては諸説ある。

最も古い文献の『常陸国風土記』（奈良時代初期の713年編纂、721年成立）は、この地が「常陸」と呼ばれるようになった理由について、二つの説を記している。

一つは、「往来の道は、湖や海を渡る必要がなく、郡郷の境は山川の峯谷に続いて、手軽に往来することができたので、陸続きの道という意味の直通《ひたみち》からヒタチと名づけた」というものだ。

今でも、この「道が真っすぐに続いている土地という意味の直道からきている」という説が一番流布している。

もう一つは、ヤマトタケル伝説によるものだ。

「倭武尊《やまとたけるのみこと》が東夷《あずまえびす》の国をめぐって新治を過ぎる時、井戸を掘らせると、流れ出る泉は清く澄んでいた。そこで乗輿《みこし》を止めて手を洗うと、衣の袖が泉に垂れて濡れてしまった。そのことから袖を漬《ひた》すの意味でヒタチと呼ぶようになった。言い伝えの諺《ことわざ》には『つくばねに黒雲かかり、衣袖漬《ころもでひたち》の国という』とある」

ほかにも陸奥へ行く常道《ひたみち》だったという説や、陸奥は日高見《ひたかみ》国と言われていたので、そこへ行く道の「ひたかみち」から「ひたち」になったという説もある。

『常陸国風土記』によれば、大化の改新以前は常陸とは言わず、足柄以東は新治、筑波、茨城、那賀、久慈、多珂の国があって、総称して吾妻国と呼んでいたという。

孝徳天皇の時代に国郡制度が成立し、吾妻を八カ国（相模、武蔵、上総、下総、上野、下野、常陸、陸奥）とし、その一つを常陸国とした。

古代国家が形成される以前に東北地方は統一されておらず、常陸国は陸奥開発のための拠点だった。そのころすでに「ひたち」と呼ばれる地域はあったが、漢字があてられることはなかったのかもしれない。都から文字が伝えられる以前から、そこに暮らすアズマエビスと呼ばれる人々は、自分たちの土地を「ひたち」と呼んでいたのではないか。

もしそうだとすれば、常磐線を走る特急列車の「スーパーひたち」というネーミングは、実は一番クラシカルな表記ということになる。

大塚の北に南大塚があるのはなぜなのか？

地名をつける時、常識的に考えればすでにある町名の北側に「南○○」という地名はつけない。ところが東京の地図を見ると、文京区に「大塚」という地名があり、その北に「南大塚」という地名がある。

こんなことが起きてしまったのは、縦割り行政の弊害による。

現在の文京区大塚は、戦前は小石川区の大塚町、大塚坂下町、大塚仲町に分かれていた。しかし住居表示法の施行にともなって、文京区はこれらを一つにまとめて「大塚」とした。

その北側にある豊島区の南大塚と北大塚は、かつての巣鴨六丁目と七丁目、西巣鴨二丁目の一部で、大塚とはなんの関係もなかった。

ところが、ここには山手線が通っており大塚駅がある。そこで豊島区は、新しく地名をつけるときの山手線の北側を北大塚として、南側を南大塚とした。地図を見れば南大塚の

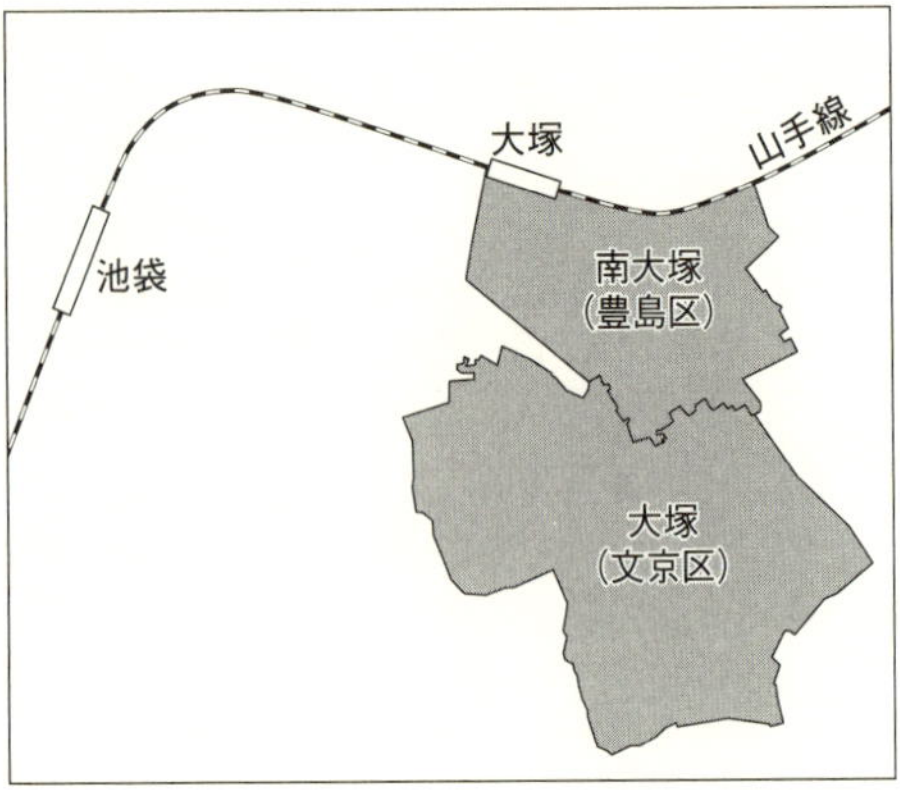

南に文京区大塚があることはわかるはずだが、そうなってしまっている。

事情は異なるが、京浜急行の北品川駅はJR、京浜急行の品川駅より南にある。

その理由は、京浜急行では北品川駅のほうが先にできていたからだ。北品川駅が1904年(明治37年)に開業したとき、その名称は「品川駅」だった(官営の鉄道駅は「品川ステーション」といっていた)。その後移転し、1925年(大正14年)3月に北品川駅に改称した。

そこは昔から北品川と呼ばれていたので、品川駅より南にあっても北品川という駅名にするしかなかったのだろう。京浜急行が線路を延長して品川まで乗り入れたのは1933年(昭和8年)で、このとき京浜急行品川駅を開業している。旧「品川駅」開業から29年たっていた。

京浜急行北品川駅の北に京浜急行品川駅があるのには、こうした事情があったのだ。

蔵王山は「ざおうさん」？「ざおうざん」？

「蔵王山」の名は蔵王権現を勧請したことにちなんでおり、日本各地にある。蔵王権現とは日本独自の山岳仏教である修験道の本尊で、役《えんの》小《お》角《づぬ》が吉野の金峯山で修行中にこの世に出現させたとの伝承がある。

蔵王山の読み方は「ざおうざん」「ざおうさん」「ざおうやま」の三通りあって、「ざおうざん」は宮城県と山形県にまたがる奥羽山脈の連山と、広島県福山市にある山。「ざおうさん」は福井県永平寺町にある山と愛知県田原市にある山。「ざおうやま」は新潟県村上市にある高坪山の通称だ。

ところが2017年6月、山形市議会は、国土地理院に登録されている蔵王山の呼び方を、「ざおうざん」から「ざおうさん」に変更するよう求める意見書を可決した。山形側では「ざおうさん」と呼ぶことが多いからだという。これには、どのような事情があるのだろうか。

名称変更には、関係自治体が合意したうえで国土地理院に申請する必要がある。蔵王山は山形、宮城両県にまたがっているので、宮城県の合意を取りつけなくてはならない。

山形市都市政策課によると、1931年（昭和6年）、関係自治体だった山形県の旧堀田、中川両村、宮城県の旧川崎、宮両村が国土地理院に「ざおうざん」の呼び名で申請し、表記登録されたという。

その読み方を変更したいという声が上がったのは、2015年4月に気象庁が火口周辺警報を発令したのがきっかけだった。連日、テレビやラジオのニュースで「ざおうざん」と読まれたため、市民から「違和感がある」などの問い合わせが相次いだのだという。

佐藤孝弘山形市長は宮城県蔵王町の村上英人町長と会談し、「ざおうざん」「ざおうさん」の併記登録を目指していくことで一致した。両県の関係市町は、いずれも併記に前向きな意向を示しているという。

佐藤市長は「各市町それぞれの思いが呼称に表れていることがわかった。上下や優劣はなく、併記という形がよいのではないか」と説明した。村上町長は「（宮城県の）1市3町でも佐藤市長の提案を歓迎している」と述べた。

同じ山の呼び方が、山形県と宮城県では違うということになる。

第5章

日本経済を回している地方の「産業」事情

「コシヒカリ」はもう新潟県では栽培されていない

「コシヒカリBL」というコメがある。「コシヒカリ」の後継品種で、いもち病に抵抗性を持つように改良された品種群のことだ。しかし、実は科学的にも種苗法上でも「コシヒカリ」とは異なる品種である。BLは「Blast resistance Lines」（いもち病抵抗性系統）の略で、連続戻し交配で育種して遺伝子を導入している（遺伝子組み換えではない）。

この「コシヒカリBL」はつくりやすいばかりでなく、味も従来の「コシヒカリ」よりいいので、新潟県では2005年度から作付がすべてコシヒカリBLに切り替わった。

これまでの「コシヒカリ」は、すでに新潟県では栽培されていないのだ。

コメとしての外観はまったく同じなので、目で見て品種を判別することは専門家でも難しく、精米として売られる時の品種欄には「コシヒカリ」と表示される。

法律上はまったく問題ないのだが、せっかく「コシヒカリ」よりおいしいコメをつくったのに、どうして「コシヒカリ」のままにしておくのか？

これは宮城県での失敗があったからだ。宮城県では改良した「ササニシキBL」を「ささろまん」という愛称で販売したが、ブランド力がないため売れなかった。新潟県は宮城県の失敗に学んで、あえて新品種をアピールしない作戦を取ったのだ。

また、コシヒカリBLの種籾は新潟県の農家にしか販売されないので、DNA鑑定で他県産のものが「新潟産」と偽装するのを防げるというメリットもある。

一方、それを逆手に取ってコシヒカリBLではない「元祖コシヒカリ」を栽培して積極的にアピールする販売業者も現れた。競争によっておいしいコメができるのであれば、消費者にとってはいいことだ。

青森県がリンゴの一大産地になった納得の事情

2017年の都道府県別リンゴの生産量を見ると、1位は青森県で41万5900トン。2位の長野県（14万9100トン）を大きく引き離している。なぜ、青森県が日本におけるリンゴの一大生産地となれたのだろうか？

日本に西洋リンゴが伝わったのは1869年（明治2年）で、プロイセン人の貿易商ガルトネルが北海道で西洋式農業を行うため、ブドウやサクランボとともに持ち込んだのが最初だ。6年後の1875年（明治8年）、国から青森県にリンゴの苗木が3本配られ、ここから青森県におけるリンゴの栽培が始まった。その後、同じ年の秋と次の年の春に数百本の苗木が国から配布され、各農家で栽培に取り組むようになった。

現在の品種の基となった西洋リンゴはほとんどがアメリカ系だが、さらにさかのぼれば、その基となったのはヨーロッパ系だ。

リンゴの原種はいくつかの地域に分布していて、明治時代に日本にやってきたリンゴの原種はコーカサス地方から北部ペルシャ（イラン）地方、中央アジアの天山山脈（トルキスタンから新疆《しんきょう》）に自生していたものだと考えられている。

原産地が山岳地帯なので、栽培には寒い地域が適している。

リンゴの栽培には四季の微妙な温度の変化が必要で、特に夏から秋にかけての冷涼さと、収穫時期となる秋口の冷え込みは欠かせない。夏の涼しさは実がやわらかくなるのを防ぎ、秋の冷え込みはリンゴを鮮やかに彩るからだ。

青森、ことに津軽地方はこうしたリンゴが育つ気候条件をしっかり満たしていた。

そして明治時代に大規模なリンゴ農園や試験場がつくられ、製造技術の開発が重ねられてきた。1909年、青森県のリンゴの収穫量は元祖であった北海道を抜いて1位となり、現在では国産リンゴの半分以上のシェアを占めるに至っている。

日本4位の猪苗代湖に大きな魚がいないわけ

福島県のほぼ中央に位置する猪苗代湖は面積104・8平方キロメートルで琵琶湖、霞ヶ浦、サロマ湖に次ぐ日本で4番目に広い湖だ。湖面の標高は514メートルで、全国でも有数の標高の高い湖でもある。

それだけ大きな湖とあればたくさんの魚がいそうだが、じつは猪苗代湖にはフナやハヤといった小さな魚しかいない。その理由は、猪苗代湖の水が「酸性」だからだ。

水道水はpH6くらいだが、猪苗代湖のpHは平均4・9。この水のせいでプランクトンのような小さな生物が育たない。エサが育たないため、魚も生きていくことができないというわけだ。

なぜ猪苗代湖の水は酸性なのかというと、流入する川にその原因がある。猪苗代湖には、

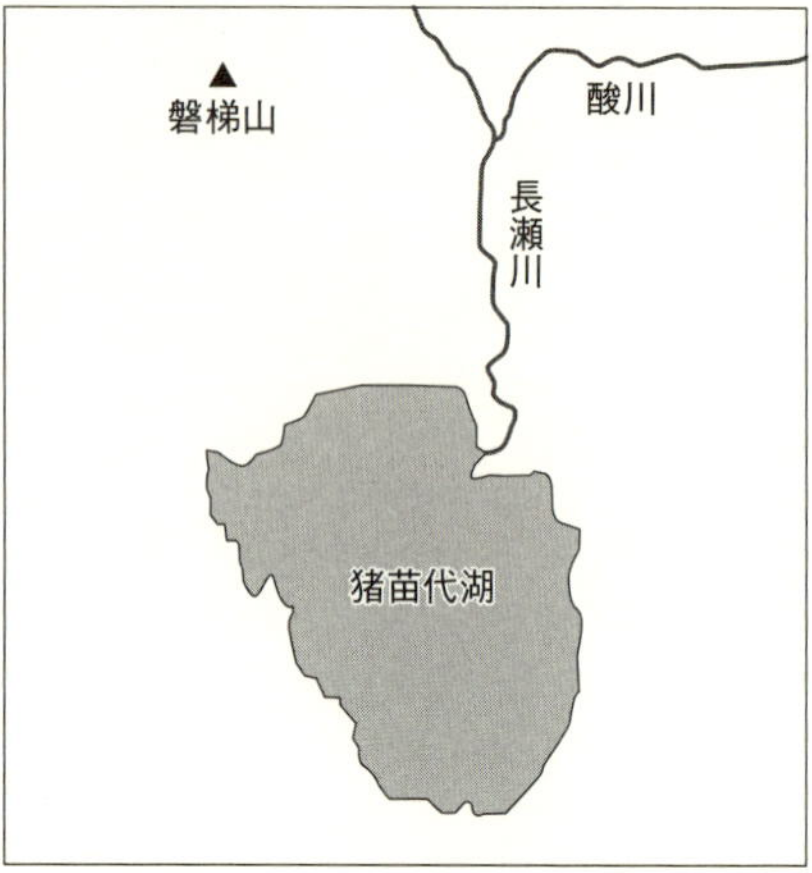

大小21の川が流れ込んでいるが、そのなかで一番大きい長瀬川からは猪苗代湖の水の約40％が入ってきている。

長瀬川は途中で酸川《すかわ》と合流するが、この酸川が昔の沼尻鉱山の地下水や途中の温泉の酸性成分を湖に運んでいるのだ。酸川は見た目は透明で川原の石もきれいだが、pH2という強酸性。虫も魚もほとんどいない。

長瀬川との合流直後は中和により酸性度が下がり（pH3〜4）、溶けていた鉄分などが石の表面につく。そのため川の石は茶色に染まっている。

長瀬川の水が猪苗代湖に入ると、溶けていた金属が形を変えてリン、窒素などの栄養分とくっついて湖の底に沈む。そのため植物プランクトンが増えにくく、有機物（汚れ）も増えないので猪苗代湖は全国でもトップクラスのきれいな湖なのだ。

ところが、弱酸性だった湖水が最近はほぼ中性になってきているという。酸川の流水量が減ってきていることが最も大きい原因だとされている。

猪苗代湖の中性化が進んで汚れが沈まなくなると、アオコなどのプランクトンや植物が夏に増え、秋に腐ることで水質が悪化する可能性もある。

魚は増えるかもしれないが、水質の悪化は避けたいということで、会津若松市では「会津若松市第2期環境基本計画」を立てて対策に取り組んでいる。

高級ブランド「大間まぐろ」「下関フグ」の産地事情

日本人はブランド好きだといわれるが、それは食べ物でも同様で、夕張メロン、魚沼産コシヒカリ、名古屋コーチン、松阪牛、鹿児島黒豚などは高値でもよく売れている。

また、「黒いダイヤ」と呼ばれるクロマグロの中でも、青森県大間町で水揚げされたマグロは「大間まぐろ」というブランドネームで知られ、地域団体商標として登録されている。大間で水揚げされるマグロは平均100キロ前後。1994年には440キロもの超大物が水揚げされ、大間崎にある「マグロ一本釣りモニュメント」のモデルになっている。

築地市場において高値で取引されるようになったのは2001年の初セリで1キロ10万円、一匹2020万円でセリ落とされたことがきっかけだ。2013年には一匹1億5540万円という「大間まぐろ」も誕生している。

しかし対岸の函館で水揚げされたマグロは、味はほとんど変わらないのにそれほど高値にはならない。ブランド力の差で大きな違いが出てしまっているのだ。

フグの場合はどうだろうか。下関は全国のフグの約8割を取り扱う日本一のフグ集散地だが、天然トラフグに限れば、2000年代に入ってから愛知県、三重県、静岡県の漁獲量が増えてきた。近年は愛知県が全国の漁獲量の4分の1を占めるまでになっている。

愛知県で水揚げされたトラフグの大半はいったん下関へ搬送され、下関から大阪などの大消費地へ出荷される。大阪市内の高級フグ料理店で出される「下関直送のフグ」が、実は愛知県産という場合もありうるわけだ。

最近は中国産フグの輸入も増えている。それが同様に「本場下関より直送」として販売されることもある。加工品は生鮮食料品の産地表示の規則に拘束されないので、下関の水産会社で加工されたものは「下関産」と表示しても問題ないからだ。

東京の地下には国内最大の天然ガス田がある

1891年（明治24年）のこと、千葉県大多喜町で醤油醸造業を営んでいた太田卯八郎が水井戸を掘っていたが真水は出ず、泡を含んだ茶褐色の塩水しか出なかった。がっかりした卯八郎が吸っていたタバコを泡へ投げ込んだところ、青白い炎を上げて燃え上がり、居合わせた人たちが驚いたとの記録が残っている。

それから110年ほど経った2005年2月、東京都北区の温泉掘削現場で地下から噴き出した天然ガスに引火し、22時間も燃え続けるという事件があった。

東京都東部から千葉県にかけての地下には、南関東ガス田と呼ばれる日本最大の水溶性天然ガス田がある。約250万年前から40万年前にかけて海底に堆積した「上総《かずさ》層群」という地層があるが、その隙間にある地下水には天然ガスが溶けているため、どこを掘っても天然ガスが噴出する可能性があるのだという。

南関東ガス田は千葉県を中心に茨城県、埼玉県、東京都、神奈川県の一都四県におよび、鉱床面積は約4300平方キロメートル、埋蔵量は7360億立方メートル、可採埋蔵量

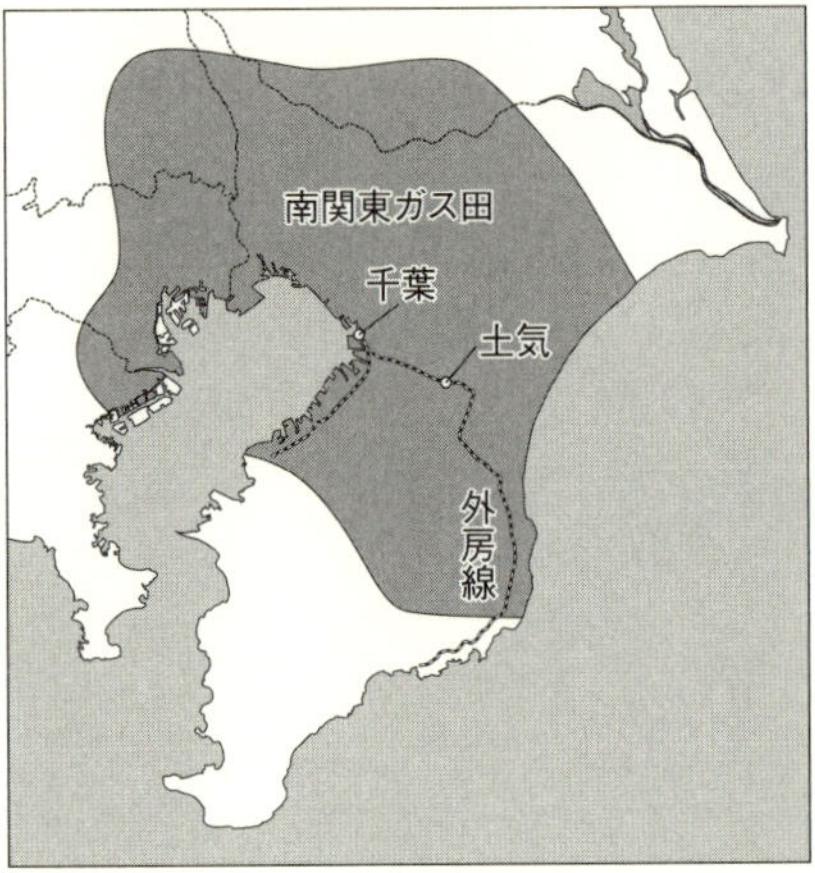

は3685億立方メートルと推定されている。ここだけで日本国内における確認済みの天然ガス埋蔵量の9割を占める。これは日中間で係争が続いている東シナ海ガス田の約2倍の埋蔵量だ。千葉県茂原市などでは実際に採掘されているが、現在の生産を続けても、あと600〜800年は枯渇しないという。

ガスは鹹水《かんすい》と呼ばれる地下水に含まれている。地下の高い圧力下では地下水に溶け込んでいるが、圧力が解放された地表では水から分離して気体になるので、地下水を汲み上げると自然にメタンガスが発生する。南関東ガス田は他の水溶性ガス田に比べて鹹水に溶けているメタンガス濃度が99％と非常に高い。

第二次世界大戦中の日本では南関東ガス田から採掘したメタンガスからガソリンや航空燃料を生成し、日本軍や民間に供給していたという。

また、千葉市緑区に土気《とけ》という外房線の駅があるが、この辺りには昔から天然ガスが湧出していたことが地名の由来になったと考えられている。

これだけの地下資源があるなら利用しない手はないのではないかと思うだろうが、ガス採取に伴う大量の地下水の汲み上げで地盤沈下を引き起こす恐れがある。そのため、天然ガスの開発は人口密集地域では規制されており、汲み上げる地下水の量も制限されている。

実際、地下水の汲み上げで地盤沈下を招いたことから、東京都は1972年に民間企業から江東区、江戸川区の天然ガス鉱業権を買収し、地下水の揚水を全面停止した。

今後、地盤沈下を引き起こさない技術が開発されるなどすれば、この地下資源を活用する道が開けるかもしれない。

日本海側に「米どころ」が多いのはなぜか

米の生産量が多い都道府県ベスト10は東日本に集中している。

ベスト3は1位が新潟県で61万1700トン、2位北海道が58万1800トン、3位秋田県が49万8800トンとなっている。以下、4位山形県、5位茨城県、6位宮城県、7位福島県、8位千葉県、9位栃木県、10位岩手県と続く（2017年度・農林水産省統計情報）。

おいしい米をつくるための条件としては、水が豊富にあること、広く平らな土地があること、水はけのよい土であること、昼夜の気温差が大きいことなどが挙げられるが、こうした条件を満たしている土地、地域は東北地方や関東地方に多い。

北海道が「米どころ」になったのは温暖化の影響もあるが、寒冷な北海道での栽培に適した「きらら397」という品種を開発するなどの努力が実を結んだからだ。

富山県、福井県も「米どころ」として知られており、総じて日本海側の米がおいしいとされているが、これには理由がある。

米の原産地はインドのアッサム地方だ。インドは暑いという先入観があるが、同じインドでもアッサム地方はヒマラヤ山麓に広がる平原地帯で、昼間と夜間の気温差が激しい。そこを原産地とする米づくりには、昼夜の温度差が大きいことが必須条件となる。

日本海側で昼間と夜間の気温差が激しいのはどうしてだろうか。

東北地方や北陸地方の日本海側の冬は寒いが、夏の日照時間は太平洋側とほとんど変わらない。むしろ日射量は太平洋側より多いくらいで、日中の気温はけっこう高い。これは夏場の季節風は太平洋側から吹くからで、湿気を含んだ季節風は日本アルプスなどの山脈にさえぎられて湿気を失い、日本海側へは乾いた風となって吹き下ろしてくる。

その際にフェーン現象が起きて気温が高くなり、日本海側の夏は好天続きで湿度が低くなる。空気は乾いているので、夜間には気温が下がる。この昼夜の寒暖差の大きさが米づくりには最適な気候条件なのだ。

また、冬の東北、北陸に降る豪雪の雪解け水も米づくりに大きく貢献している。こうした条件が揃ってはじめて、おいしい米ができるというわけだ。

「京野菜」と呼ばれるための条件とは

1200年以上昔から都として栄えた京都は海から遠く、海産物の入手が困難なところである。したがって食生活の中心は野菜になり、寺社を中心にした精進料理が発達した。

また、全国から献上品として野菜が集まったが、それらを京都で栽培すると特有の気候や風土に育まれて順化し、京野菜という別種のものになった。

京都の周囲の山に豊富に降る雨は、鴨川、桂川、宇治川によって京都の街に栄養を運んでくれる。京野菜の美味しさには、川が密接に関係しているのだ。

また、狭い地域の中でも微妙に風土が異なり、改良を加えられて「京野菜」ができあった。何百年も同じ土地での少量生産が続けられているのだ。

京都で栽培、収穫されたものはすべて京野菜だが、古くから伝わる京野菜を特に「京の伝統野菜」としている。サトイモやダイコンのように、原種が中国や朝鮮半島でも古くから渡来したものでも、「明治時代以前に導入されたもの」であればＯＫで、果実である「水尾の柚子」や「丹波栗」など41種が選定されている。

アンデス原産のトマトも京野菜になれば「加茂トマト」となる。アフリカ原産のオクラも入っているが、明治時代以前に栽培されていたのだろう。

大正末期、舞鶴市で伏見系のとうがらしとカリフォルニアワンダー系のとうがらしの交配で誕生した「万願寺とうがらし」は「京の伝統野菜」に準ずる野菜とされている。

一方、「京都市内だけでなく府内全域が対象」という規定から、塚原産のタケノコは含まれるが、シダ類やキノコ類は除かれるため、マツタケやワラビ、ゼンマイは入らない。

南鳥島沖海底に眠る大量の希少金属

鉄、アルミニウム、銅、鉛、亜鉛などをベースメタル（基本的な金属）と呼び、これらを除いた重要金属をレアメタル（希少金属）としている。

現在、レアメタルは携帯電話や液晶テレビ、パソコン、自動車などの製造に必要で、今後の需要が予測される新構造材料、機能材料に不可欠な金属とされている。インジウム、クロム、ゲルマニウム、ジルコニウム、ストロンチウム、タングステン、チタン、マンガン、ニッケルなどの31種だ。

世界中で存在が確認されているが、技術的、経済的な理由で抽出が困難だからこそ〝レア〟なわけで、日本では100％輸入に頼っている。しかし、その供給の9割以上が中国からとなっており、2010年（平成22年）の尖閣諸島での中国船漁船拿捕事件を発端に、翌年には中国政府が海外への輸出を禁止した。それによって価格が100倍以上になり、日本政府も対応に追われた。

ところが、2013年（平成25年）に日本の研究チームが日本の排他的経済水域内である小笠原諸島、南鳥島沖深海で、レアメタルが含まれる球状の岩石「マンガンノジュール」を発見した。しかも、北海道の半分に相当する広範囲に密集しているという。

これはスマートフォンなどのバッテリーに使われるコバルトの国内消費に換算して1600年分で、300兆円の市場価値があるとされる。ただ、水深が5500～5800メートルもあり、効率的な採掘方法はまだ確立されていない。

また、レアメタルの一種で「産業のビタミン」と呼ばれるレアアースという17種の元素（希土類）がある。この中のネオジムやジスプロシウムなどを少量鉄に加えると強力な磁石ができ、高性能モーターを軽量化できる。これも中国が世界の97％の生産量を占めている。

だが、こちらも2018年4月に早稲田大学と東京大学の研究チームが、南鳥島（東京都）沖の海底で世界の消費量の数百年分に相当するレアアースを確認したという。

発見されたレアアースは泥状だが、通常の泥の直径より4倍以上大きいことに着目し、海中で遠心力を使って分離して回収する技術も確立したという。中国の陸上にある鉱床から採取されたものの20倍の濃度があるそうだ。

採取方法が確立されれば、日本は〝資源小国〟から脱却できる可能性がある。

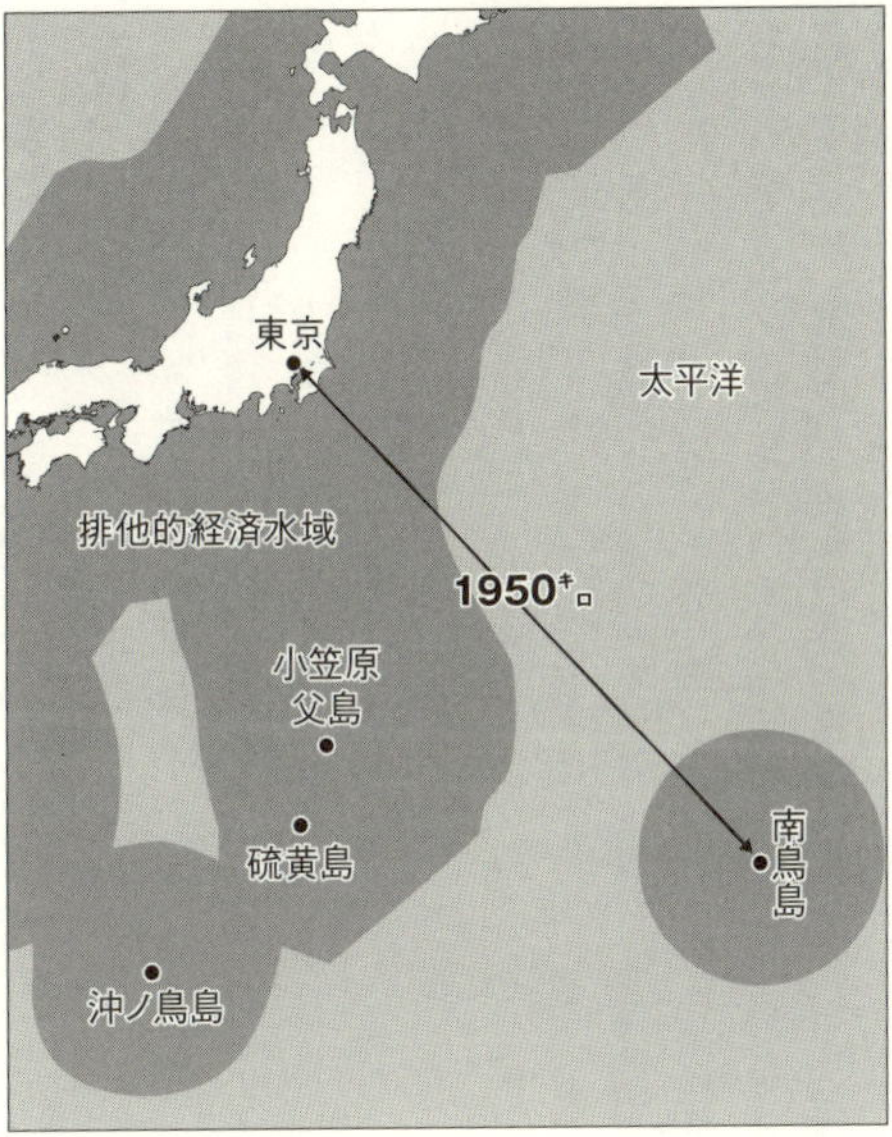
東京
太平洋
排他的経済水域
1950キロ
小笠原
父島
硫黄島
南鳥島
沖ノ鳥島

参考資料

【書籍】

『日本大百科全書』小学館／『日本地名大百科―ランドジャポニカ』小学館／『世界大百科事典』平凡社／『全国市町村要覧』第一法規／篠原修編『景観用語事典』／『理科年表』丸善出版／『日本史年表』河出書房新社／田邉裕『もういちど読む山川地理』山川出版社／『一冊でわかる日本地図・世界地図』成美堂出版／『旅に出たくなる地図　日本』帝国書院／ステファン・シャウエッカー『外国人だけが知っている美しい日本―スイス人の私が愛する人と街と自然』大和書房／樋口秀司『伊豆諸島を知る事典』東京堂出版／浅井建爾『知れば知るほどおもしろい東京の地理と地名がわかる事典』日本実業出版社／ワールド・ジオグラフィック・リサーチ『眠れなくなるほど地理がおもしろくなる本』(宝島SUGOI文庫)／川原和之『大人もハマる地理』すばる舎／増田幸弘『「日本地理」おもしろ雑学』日東書院本社／宇田川勝司『なるほど日本地理』ペレ出版／一般社団法人全国地質調査業務会連合会・特定非営利活動法人地質情報整備活用機構ジオ多様性研究会『ジオパークを楽しむ本―日本列島ジオサイト地質百選』オーム社／谷川彰英『47都道府県・地名由来百科』丸善出版株式会社／若林芳樹『地図の進化論 地理空間情報と人間の未来』創元社／松岡慧祐『グーグルマップの社会学―ググられる地図の正体』光文社新書／神田孝治・遠藤英樹・松本健太郎『ポケモンGOからの問い　拡張される世界のリアリティ』新曜社／『国土地理院2万5千分1地形図』国土地理院／『江戸東京地名事典』新人物往来社／『岐阜県の歴史散歩』山川出版社／『日本の地名雑学事典』日本実業出版社／宇田川勝司『ビックリ！意外日本地理』草思社／中江克己『お江戸の地名の意外な由来』PHP文庫

【ウェブサイト】

国土交通省国土地理院、総務省、経済産業省、農林水産省、厚生労働省、文化庁、気象庁
都道府県、市町村／「日本地理おもしろゼミナール」／マイナビウーマン

青春新書
PLAYBOOKS

人生を自由自在に活動《プレイ》する

人生の活動源として

いま要求される新しい気運は、最も現実的な生々しい時代に吐息する大衆の活力と活動源である。

文明はすべてを合理化し、自主的精神はますます衰退に瀕し、自由は奪われようとしている今日、プレイブックスに課せられた役割と必要は広く新鮮な願いとなろう。

いわゆる知識人にもとめる書物は数多く窺うまでもない。

本刊行は、在来の観念類型を打破し、謂わば現代生活の機能に即する潤滑油として、逞しい生命を吹込もうとするものである。

われわれの現状は、埃りと騒音に紛れ、雑踏に苛まれ、あくせく追われる仕事に、日々の不安は健全な精神生活を妨げる圧迫感となり、まさに現実はストレス症状を呈している。

プレイブックスは、それらすべてのうっ積を吹きとばし、自由闊達な活動力を培養し、勇気と自信を生みだす最も楽しいシリーズたらんことを、われわれは鋭意貫かんとするものである。

―創始者のことば―　小澤和一

編者紹介

現代教育調査班〈げんだいきょういくちょうさはん〉

教育や歴史にまつわるさまざまな傾向、疑問について綿密なリサーチをかけるライター集団。ジャンルを問わず多様な情報を日々収集し、更新している。今回は日本史の新説、新常識をテーマに調査をしている。

教科書《きょうかしょ》には載《の》っていない
日本地理《にほんちり》の新発見《しんはっけん》

青春新書 PLAYBOOKS

2018年10月1日　第1刷

編　者　現代教育調査班

発行者　小澤源太郎

責任編集　株式会社プライム涌光

電話　編集部　03(3203)2850

発行所　東京都新宿区若松町12番1号 〒162-0056　株式会社青春出版社

電話　営業部　03(3207)1916　振替番号　00190-7-98602

印刷・図書印刷　製本・フォーネット社

ISBN978-4-413-21122-2

青春新書
PLAYBOOKS

人生を自由自在に活動する――プレイブックス

〝座りっぱなし〟でも
病気にならない1日3分の習慣

池谷敏郎

上半身を動かすだけでも血行障害を改善できる。テレビで大人気の〝血管先生〟が高血圧、糖尿病、脂質異常、心臓病、脳卒中、認知症、便秘、うつ…の予防法を解説！

P-1112

まいにち絶品！
「サバ缶」おつまみ

きじまりゅうた

タパス、カフェ風、居酒屋メニュー…パカッと、おいしく大変身！

P-1113

大切な人が がんになったとき…
生きる力を引き出す寄り添い方

樋野興夫

「傷つける会話」と「癒す対話」を分けるものは何か。3千人以上のがん患者・家族と個人面談をつづけてきた著者が贈る「がん哲学外来」10年の知恵。

P-1114

日本人の9割がやっている
残念な習慣

ホームライフ取材班［編］

やってはいけない！ 損する！ 危ない！ 効果なし！の130項目。

P-1115

お願い　ページわりの関係からここでは一部の既刊本しか掲載してありません。
折り込みの出版案内もご参考にご覧ください。